Gerd-Rainer Matern

In Jallerup entstand was Großes

Verlag der
Liebenzeller Mission
Bad Liebenzell

ISBN 3 88002 312 3

Alle Rechte vorbehalten, auch der auszugsweisen Wiedergabe
und Fotokopie
© Copyright 1987 by Verlag der Liebenzeller Mission,
Bad Liebenzell
Umschlagfoto: Siegfried Wilke, Hage
Satz: Setzerei Blaich, Straubenhardt 5
Herstellung: Druckhaus Gummersbach, Gummersbach/Derschlag
Printed in W.-Germany

Inhalt

Das geschah in Jallerup

Die Familie Kroneberg wohnt in Hamburg, wo sie einer größeren Gemeinde entschiedener Christen angehört. Malergeselle Bernhard Kroneberg ist hier Laienverkündiger, Mitglied des Vorstandes, und leitet den Posaunenchor. Ehefrau Brigitte arbeitet nach dem Erledigen ihrer Hausfrauen- und Mutterpflichten in der Altenbetreuung und macht sich in der Jugendarbeit nützlich. Tochter Esther, eine sechzehnjährige Schülerin, hilft in der Jungmädchengruppe. Sie spielt Gitarre und kann gut singen. Das jüngste Familienmitglied, der vierzehnjährige Adrian, sucht den Jugendkreis auf und beteiligt sich rege im Theaterspielzirkel. Außerdem hilft er bei der Traktatmission mit.

So verschiedenartig die einzelnen Familienmitglieder auch sind – eine Gemeinsamkeit haben sie: den festen Glauben an Jesus Christus.

Kronebergs verheimlichen nicht, daß sie Christen sind; sie erzählen von der großen Liebe des Herrn und rufen auf zur Buße und zum Glauben an das Evangelium, damit wieder Ordnung in das Leben der Menschen kommt: Ordnung nach den Anweisungen des Wortes und Willens Gottes.

Wenn es darum geht, den Heiland zu bekennen, sind der Familie alle vertretbaren Mittel recht. Das haben Kronebergs erst im vergangenen Sommer während ihres gemeinsamen Ferienaufenthaltes auf einem nordfriesischen Bauernhof, in Jallerup, bewiesen. Ohne falsche Scheu missionierten sie an ihrem Urlaubsort. Als Höhepunkt ihres freiwilligen Einsatzes ist ein Gemeindeabend zu nennen. Ziel dieser Veranstaltung war, die Versammelten zu Jesus und in seine Nachfolge zu rufen. Mußte diese durchaus nicht perfekte Christenfamilie auch Hohn und Spott einstecken und wurde sie von Zweifeln übereilt und zuweilen mutlos, so ließ der Herr ihre Dienste nicht ungesegnet. Zwar bewirkte ihr Missionseinsatz in Jallerup kein radikales Geschehen, es kam zu keiner umfassenden Erweckung, aber doch entschlossen sich ein paar Menschen, Jesus nachzufolgen. Da waren Ute, die Tochter von Kronebergs Wirtsleuten auf dem Knudsenhof, und eine alte Dorfbewohnerin, Witwe Nissen, die ihr Leben Jesus Christus übergaben. Auch Frau Birkhahn, ebenfalls ein Feriengast auf dem Knudsenhof, traf diese so wichtige Entscheidung. Der Ortspfarrer besann sich seiner Aufgabe und schöpfte neuen Mut, durch Einladungen zu christlichen Veranstaltungen das Gemeindeleben neu zu motivieren.

Einige Wochen vergingen, Kronebergs waren aus dem Urlaub heimgekehrt, da baute der Pastor mit seiner Frau unter Mithilfe von Ute in der bisher „toten" Kirchengemeinde neben dem bestehenden sonntäglichen Gottesdienst einen kleinen Bibelgesprächskreis, eine Kindergruppe und einen Gitarrenchor auf.

Den festen Gemeindekern bildeten das Pastorenehepaar, Ute Knudsen und bis zu ihrem baldigen Tode die Witwe Nissen.

Mit Pfarrer Jansen und Ute stehen Kronebergs seither im ständigen Briefkontakt.

Ein Freizeitheim –
das wär' nicht schlecht!

Durch rechtzeitiges Zustellen der Tagesordnung hatte der Vorstands-
vorsitzende für den frühen Abend zu einer Sitzung in den durch
eine schwergängige hölzerne Schiebetür vom Gemeinderaum ge-
trennten kleinen Saal des Versammlungshauses geladen. Hauptan-
liegen dieser planmäßig in der ersten Januarwoche anberaumten
Zusammenkunft war es, dem Rechnungsführer Entlastung zu er-
teilen.

Auch die heutige Sitzung begann wie üblich mit einer kurzen
Andacht. Dann ging man zur Tagesordnung über.

Recht zügig konnte ein Beratungspunkt nach dem anderen als
erledigt abgehakt werden. Nach Abschluß des letzten gab der Vorsitzende, Prediger Hagedorn, Gelegenheit zu weiteren Wortmeldun-
gen und ließ Anregungen und Bedenken verschiedener Art vortra-
gen.

„Bruder Eickstedt, Sie wünschen das Wort", stellte Herr Hagedorn mit gedämpfter, fast heiserer Stimme fest. „Bitte!"

Vorstandsmitglied Eickstedt, ein sportlich aussehender junger
Familienvater, rückte seinen lehnenlosen Polsterstuhl etwas vom
Tisch ab, schlug seine langen Beine ungeschickt übereinander und
begann recht umständlich und holperig zu sprechen, so daß es beinahe schwerfiel zu folgen: „Liebe Geschwister! Meine Frau, die Ihnen bekannt sein dürfte, ist eine gebürtige Holsteinerin. Das Weihnachtsfest verbrachte meine Familie bei ihren Eltern. Ich möchte
betonen, daß meine Schwiegereltern auch gläubig sind und in Hol-
stein einem christlichen Kreis angehören. Freudig überrascht war
ich, zu hören, wie aktiv die dortige Gemeinde ist. Meine Aufmerk-
samkeit steigerte sich noch, als mir berichtet wurde, daß sie ein
eigenes Freizeitheim in der Lüneburger Heide besitzt. Viele Gemeindeglieder, aber auch Außenstehende, verlebten hier schon ihren
Urlaub oder ihre Ferien. Im letzten Sommer wurde eine Familien-
freizeit durchgeführt, an der Junge, Alte, Ehepaare und Alleinste-

hende teilnahmen – auch meine Schwiegereltern. Sie sind von dieser Freizeit sehr begeistert und berichteten uns stundenlang über ihre guten Erfahrungen. – Sollte unsre Gemeinde nicht auch den Versuch unternehmen, Gleiches durchzuführen? Sind wir nicht ebenfalls in der Lage, ein Freizeitheim zu bauen oder zu kaufen? Liebe Geschwister, ich würde gern Ihre Meinungen dazu hören!"

„Danke, Bruder Eickstedt, für den Bericht und für die Anregung!" sagte Prediger Hagedorn in seiner gutmütigen, väterlichen Art. „Nun – wie stehen Sie dazu, Geschwister?"

Das älteste Vorstandsmitglied, der pensionierte Lehrer Westernhagen, auf dem Kopf teils so glatt wie eine Billardkugel, meldete sich zu Wort: „Ohne Zweifel wäre es eine ausgezeichnete Sache, wenn Familien, ältere Menschen und die Jugend aus unserer Gemeinde die Möglichkeit hätten, die freie Zeit gemeinsam zu verleben. Dieses Miteinander würde dem Glauben dienen und zum Leben helfen. Wir würden lernen, füreinander Zeit zu haben, um gemeinsames Leben neu zu entdecken. Doch vorerst heißt es, ein eigenes Freizeitheim zu erstellen oder ein entsprechendes Gebäude zu erwerben. Aber schon taucht das leidige Thema der Finanzierung auf." Westernhagen schob mit dem linken Zeigefinger seine leicht nach vorn gerutschte Nickelbrille wieder an die Nasenwurzel. „Ich weiß, daß an den Freizeiten großes Interesse besteht, nehme aber an, daß so ein eigenes Heim gerade an der Geldfrage scheitern würde. Bruder Dallmeyer hat zwar schon vorhin kurz über die Zahlungsfähigkeit unserer Gemeinde berichtet, doch ich bitte ihn, er möge anschließend so freundlich sein und uns noch eingehender Auskunft über unsere Rücklagen geben."

Herr Dallmeyer, von Beruf selbständiger Kaufmann und seit einigen Jahren von den Gemeindegliedern zum Rechnungsführer gewählt, blätterte eifrig in dem in einen dunkelblauen Ordner gehefteten Haushaltsplan und erklärte: „Ohne genaue Vorstellungen über den Kostenumfang des Freizeitheimes kann ich selbstverständlich nichts zur Finanzierung sagen. Erst wenn mir Angaben über die Grundstücksausmaße, Bauweise, Anzahl und Art der Räumlichkeiten und so weiter vorliegen, kann kalkuliert werden. Heute teile ich Ihnen lediglich die Höhe unserer Ersparnisse mit." Dann gab er nochmals über das Vermögen Auskunft und meinte abschließend:

„Wir sollten unser Anliegen einem Planungsbüro vorbringen und es beauftragen, einen Kostenanschlag zu fertigen."

„Ich muß doch sehr bitten, Bruder Dallmeyer!" warf Frau Ennslin ein. Dabei glänzten ihre Augen, und ihre bleichen Wangen röteten sich. „Wir sieben Vorstandsmitglieder können doch nicht über die Köpfe unserer Gemeindeleute hinweg darüber entscheiden, ob wir ein Freizeitheim bauen! Nein!" Die schlanke Mittvierzigerin machte eine kurze Gedankenpause, fingerte nervös an ihrem Kugelschreiber herum und schaute in die im Moment verdutzt schweigende Runde. „Geschwister, laßt uns in unserer Gemeinde umhören, wie dieser Vorschlag ankommt! Laßt uns das Interesse herausfinden – erst dann können wir weiterdiskutieren, meine ich! Alles andere Gerede hierüber ist zum jetzigen Zeitpunkt vorgegriffen."

„Frau Ennslin, Sie haben recht!" hob Prediger Hagedorn bestätigend hervor. „Wir haben die Meinung unserer Geschwister zu hören! Ja, richtig! – Am Sonntag, nach meiner Predigt, werde ich Bruder Eickstedts Anregung bekanntmachen. – Hat sonst noch jemand etwas zu diesem Thema zu sagen?"

Es kam keine Wortmeldung.

Schriftführerin Jacobi verfaßte hierüber folgenden Protokolltext:

„Vorstandsmitglied Eickstedt regte an, ein gemeindeeigenes Rüst- und Freizeithaus zu schaffen.

Nach eingehendem Beraten war man sich einig, daß vor der Entscheidung über einen Grundsatzbeschluß zum Bau oder Erwerb eines solchen Hauses die Gemeindeglieder zu befragen sind, um das Interesse festzustellen."

Die Sitzung endete mit einem Gebet und mit dem Lied:

,Der Tag ist hin; mein Jesu, bei mir bleibe.
O Seelenlicht, der Sünden Nacht vertreibe;
geh auf in mir, Glanz der Gerechtigkeit,
erleuchte mich, ach Herr, denn es ist Zeit.'

Ganz nebenbei ...

Ute Knudsen, die während des Kronebergschen Jalleruper Aufenthaltes im Sommer vorigen Jahres zum Glauben an Jesus Christus kam, schreibt oft der Hamburger Familie und teilt mancherlei Geschehnisse vom Knudsenhof und aus Jallerup mit. Wie gerne lesen Kronebergs, wenn gute Nachricht aus dem Friesendorf eintrifft, wenn berichtet wird, wie segensreich für Ute die Bibelstunden sind und daß die Gottesdienste nun etwas mehr besucht werden als früher.

Als Kronebergs jedoch Anfang Januar den langen Brief von der blonden Sechzehnjährigen lasen, waren sie über einige Mitteilungen sehr betrübt. Ute schrieb:

„Liebe Kronebergs,

ich bin von ganzem Herzen dankbar, daß ich Jesus Christus gefunden habe und ihm nachfolgen darf. Täglich erlebe ich von neuem, wie wahr Gottes Wort ist. Aber leider muß ich auch erfahren, wie sehr der Teufel versucht, mir das Leben schwerzumachen. Jesus schenkt mir jedoch immer neu die Kraft, aus meinem Leben das zu verdrängen, was sich mir in den Weg stellt.

Meine Eltern und mein Bruder Fritjof suchen zwar hin und wieder die Gottesdienste auf, für Jesus entschieden haben sie sich aber noch nicht. Ich versuche, sie immer wieder davon zu überzeugen, wie wichtig das Sich-Abwenden von der Sünde und die Hinwendung zu Jesus ist. Doch es scheint, als rede ich gegen den Wind, und ich habe hier zu Hause deswegen reichlich Trouble. Trotzdem bleibe ich am Ball, bekenne und bezeuge meinen Herrn. Bitte, liebe Kronebergs, betet für meine Eltern und für Fritjof! Besonders für meinen Vater. Wie hatte er Ihnen doch zugesichert, nicht mehr so viel Alkohol zu trinken, aber er hat sein Versprechen nicht gehalten. Mindestens zweimal in der Woche zieht es ihn in den Dorfkrug, um abends Karten zu spielen. Danach kommt er betrunken nach Hause, randaliert und traktiert uns. In seinem abscheulichen Zustand giftet er mich dann an, ich solle doch meinen Glauben aufgeben. Dann lallt er gar von Ihrer Familie und wünscht, Sie nie wieder auf dem Knudsenhof zu sehen. Wenn Papa nüchtern ist, ist er noch einigermaßen verträglich. Möge er doch nur den Schnaps lassen! Sein gelegentlicher Gottesdienstbesuch vereinbart sich keineswegs mit dem stetigen Trinken und dem anschließenden Lästern – sein Alltag spricht ihm hohn. Beten Sie bitte, daß er zu Jesus kommt und Vergebung findet! Ich weiß, Jesus wird auch sein Leben neu machen und ihm Kraft von oben geben, mit der er die Sünde überwinden kann. Unser Herr allein kann ihm völligen und auch bleibenden Sieg darüber schenken.

Nun möchte ich noch einiges über unsere kirchliche Arbeit berichten: Die Bibelstunden werden von ungefähr sieben Personen besucht. Pastor Jansen gestaltet die Betrachtungen äußerst verständlich, doch die Beteiligung ist nicht besonders rege.

Ich habe Gott um Platzanweisung gebeten, und er hat mir meine Fähigkeiten gezeigt. Der Herr schenkte mir die schnelle Auffassungsgabe, in kurzer Zeit Gitarre spielen zu lernen. Anfangs spielten nur Pastor Jansens Frau und ich Gitarre, doch dann sprach ich Martina Lund, eine Siebzehnjährige aus unserem Dorf, an, ob sie nicht Lust hätte, es auch zu erlernen. Ich war froh, als sie zusagte und zu unseren Übungsstunden kam. So ganz mit freudigem Herzen ist Martina zwar nicht bei der Sache, sie ist auch keine entschiedene Christin, sondern macht nur mir zum Gefallen mit. Daß sie überhaupt zum Musizieren kommt, ist eigentlich schon ein Erfolg, denn sie ist ein sehr labiles Mädchen. Da Martina nach ihrer Schulentlassung hier in der Gegend keine Lehrstelle als Friseuse bekam, blieb sie einfach zu Hause. Etwas anderes wollte sie nicht lernen. Auf diesen Beruf war sie zu versessen. Seit dieser Zeit lungert sie im Dorf herum oder langweilt sich zu Hause bei ihren nicht gerade vorbildlichen Eltern. Die lassen Martina viel Freizeit – beide trinken. Ich sah es als meine Pflicht an, mich um die Bedauernswerte zu kümmern, und wir schlossen gewissermaßen Freundschaft. Dem Evangelium steht sie noch sehr reserviert gegenüber, läßt aber mit sich reden. Beten Sie auch für Martina!

Seit einigen Monaten helfe ich Frau Jansen bei den Kinderstunden. Ich bin mir voll bewußt, vor Gott eine große Verantwortung zu tragen. Daher nehme ich meine Mitarbeit sehr ernst.

Zum Schluß möchte ich mich recht herzlich für die Fotos bedanken, die Sie mir zugeschickt haben. Es sind schöne Erinnerungen – wenn ich zum Beispiel die Aufnahmen vom Gemeindeabend betrachte. Auch die Fotos mit den Jalleruper Dorfansichten finde ich gelungen. Geradezu auffallend ist, daß Euch das Gehöft, das Bauer Nielsen gehörte, besonders gut gefiel, denn nicht von ungefähr hättet Ihr es so oft abgelichtet. Ganz nebenbei möchte ich Euch mitteilen, daß der verwitwete Bauer Nielsen vor kurzem gestorben ist und der Erbe den Hof zu verkaufen beabsichtigt.

So, das wäre es für heute.

Herzliche Grüße

Eure Ute."

Herr Kroneberg macht einen Vorschlag

„Wir kommen zum nächsten Tagesordnungspunkt unserer Frühjahrssitzung", stellte Prediger Hagedorn fest: „Bekanntgabe des Umfrageergebnisses wegen der gemeindeeigenen Freizeitunterkunft mit anschließender Debatte. – Freunde, da gab es auch nicht ein einziges Gemeindeglied, das gegen den Vorschlag war! Viele sind im Geiste bereits jetzt schon in dem noch gar nicht existierenden Haus." Herr Hagedorn schmunzelte etwas. „Geschwister, ich stelle also den Wunsch nach einem Rüst- und Freizeitheim fest, bitte nun um Ihre Zustimmung und um das Handzeichen!"

Die Vorstandsmitglieder erhoben ihre Arme. Dann sagte der Vorsitzende: „Einstimmiger Beschluß. Anders hätte ich es auch nicht erwartet. – Somit können wir jetzt in die Diskussion einsteigen. Vorweg aber noch einige Gedanken: Wichtig ist der Standort. Wo soll unser Heim errichtet werden? Wie groß soll das Grundstück sein? – Zur Standortfrage: Wünschenswert wäre der Liegenschaftserwerb in einer schöngelegenen Landschaft. Wiederum darf das Gelände auch nicht zu weit von Hamburg entfernt sein. Unsere Gemeindeglieder sollten keinen zu weiten Anfahrtsweg haben. – Bruder Eickstedt berichtete in der letzten Sitzung von seinen Schwiegereltern, deren Gemeinde ein Freizeitheim in der Lüneburger Heide besitzt. Solche herrliche Gegend wäre mir schon recht! Überdies müssen wir uns im klaren sein, welche Ausmaße unser Heim haben soll: Wie vielen Personen soll es Platz bieten? Welche Räumlichkeiten sind zu schaffen? – Oder vielleicht ist es sogar möglich, ein entsprechendes Haus zu erwerben, in dem nur Umbauarbeiten durchgeführt zu werden bräuchten. Geschwister, das sind nur einige Gedanken aus dem großen Fragenkatalog."

Schon während Prediger Hagedorns Ausführungen schoß Vorstandsmitglied Kroneberg ein plötzlicher Einfall durch den Kopf. Nun war er kaum zu bremsen und bat ungeduldig ums Wort.

„Im letzten Sommer weilte meine Familie in einem nordfriesischen Dorf. Die Gemeinde, Jallerup heißt sie, hat ungefähr eintausendzweihundert Einwohner und liegt nur vier Kilometer vom

Nordseestrand entfernt. Hier verlebten wir unsre Ferien auf einem Bauernhof."

Frau Ennslin stand auf, drosselte etwas die Zentralheizung, die anderen lehnten sich gemütlich in ihre Stühle zurück, verschränkten die Arme und fürchteten im stillen, nun Herrn Kronebergs Ferienerlebnisse anhören zu müssen. Das merkte der Sprechende, lockerte ein wenig seine dezent gemusterte Krawatte und sagte: „Ich möchte nicht viele Worte machen und Ihnen die Ohren vollschwärmen, denn allmählich werden Sie sich fragen, was meine Urlaubsstory mit unserm Thema zu tun hat! Also – in diesem Dorf, in dem wir bei unsrer Ankunft leider nur ein oberflächliches christliches Gemeindeleben vorfanden, wurden wir missionarisch tätig. Nach unserm Einsatz entschieden sich Ute, die Tochter unsrer Wirtsleute, eine betagte Dorfbewohnerin und eine andre Dame, Frau Birkhahn, die ebenfalls als Feriengast auf dem Bauernhof weilte, für ein Leben mit Jesus. Sehr zu unsrer Freude kam das stagnierte Kirchenleben ein klein wenig in Schwung. Die alte Frau Nissen ist leider kurz darauf verstorben; mit den andern Personen stehen wir seither in Briefkontakt. Ute, die Bauerntochter, teilte uns vor einiger Zeit – ganz nebenbei – in einem Brief mit, daß in Jallerup ein Bauernhaus zum Verkauf angeboten wird. Der Eigentümer ist verstorben, und der Erbe möchte den Hof nicht weiterbewirtschaften. Ich kenne dies Haus vom Ansehen und muß sagen, es macht einen gepflegten, guterhaltenen Eindruck. Weiteres kann ich darüber, eins der noch wenigen strohgedeckten Häuser im Dorf, jedoch nicht berichten. – Geschwister, ich wollte lediglich nicht versäumen, zu erzählen, daß hier ein Haus veräußert wird, das in einer bevorzugten Landschaft liegt, so nahe am Strand, und das sich in einem Ort befindet, in dem eine neue christliche Gemeinde erwachsen könnte. Informationen, ob etwa die bebaute Fläche nur im Zusammenhang mit dem dazugehörigen Land verkauft werden soll, wie der tatsächliche Zustand des Gebäudes und wie die Nutzfläche aufgeteilt ist, habe ich weiter nicht. Wir sollten diese Gelegenheit jedoch beim Schopfe fassen, denn meines Erachtens hätte der Erwerb den Vorteil, daß wir dann nur Um- oder Ausbauarbeiten durchzuführen bräuchten. Darüber sollte eventuell ein Architekt befinden. – Das wär's, Geschwister. Danke!"

„Bruder Kroneberg, das hört sich alles gut an, und sogar meine Wunschvorstellungen liegen Ihren Ausführungen sehr nahe, doch stützt sich Ihr Bericht allein auf eine unverbindliche Nachricht aus dem Dorf, und viel anfangen können wir damit gerade nicht", meinte Prediger Hagedorn. „Es wäre das beste", verschaffte sich Frau Jacobi Gehör, „wir bilden einen Ausschuß, der sich mit der Errichtung eines Freizeitheimes beschäftigt. Ich schlage vor, daß Schwester Ennslin und die Brüder Kroneberg und Dallmeyer dem Gremium angehören sollen, und bitte, hierüber abzustimmen!"

Eine ganze Weile wurde noch über dieses Thema und über Herrn Kronebergs Bericht diskutiert. In der etwa zwanzigminütigen Tagungspause eilte Kroneberg zu seiner nahe gelegenen Wohnung und holte einige Urlaubsfotos.

Er hatte sich mächtig ins Zeug gelegt, und nach Wiederaufnahme der Sitzung und vor Eintritt in den nächsten Tagesordnungspunkt meldete er sich unangenehm aufdringlich zu Wort: „Ich reiche Ihnen gleich einige Fotografien von dem besagten Bauernhof herum. Wie Sie unschwer erkennen werden, ist es ein reetgedecktes Gebäude, in dem Wohnungen und Stallungen sind. Schauen Sie sich die Bilder bitte in Ruhe an!"

Herr Westernhagen stierte gebannt auf die Buntfotos. „So wie ich es erkenne, handelt es sich um das schleswigsche Haus." Er nahm seine Brille ab und hielt eine Ablichtung dicht vor seine altersgeschwächten Augen. „Ja, dieses schleswigsche Nordfriesenhaus ist im Unterrähmgefüge gezimmert, ich erkenne es ganz deutlich. Solche Art Häuser haben gewöhnlich eine Queraufteilung im Inneren. Etwa die Hälfte des Gebäudes nimmt der Stallteil ein. Der Wohnungszugang ist an der Traufenseite; dort führt er in die Querdiele, aber der etwa die Hälfte einnehmende Stallteil liegt wieder in Firstrichtung und hat seinen Zugang von der Schmalseite. Er schließt zwar keine breite Diele auf, sondern man betritt einen schmalen Stallgang."

„Ohne Zweifel, die Fotos vermitteln einen ordentlichen Eindruck von dem Gebäude", stellte Frau Ennslin fest, „aber eben – wie steht es mit der Innenarchitektur? Von einem alten Bauernhaus darf man nicht zu viel erwarten. Wie mag da nur die Küche aussehen?"

„Typisch – die Frauen!" scherzte Herr Eickstedt und räusperte sich. „Aber Schwester Ennslin hat recht, es werfen sich eine Menge Fragen auf. Ich meine, alles weitere sollte Aufgabe des Ausschusses sein."

Dann ging man zu den anderen Tagesordnungspunkten über, und nach Ende der Sitzung war zum Thema „Freizeitheim" folgendes im Protokollbuch zu lesen:

„Nach eingehender Beratung faßte der Gemeindevorstand den einstimmigen Beschluß, ein Freizeit- und Rüstzentrum zu errichten. Aus diesem Grunde wurde ein Ausschuß gebildet, der alle anstehenden Fachfragen zu erörtern hat. In diesen Ausschuß wurden gewählt:

1. Bruder Bernhard Kroneberg als Vorsitzender,
2. Schwester Lotte Ennslin und
3. Bruder Philipp Dallmeyer.

Der „Ausschuß Freizeitheim" tritt nach Bedarf zusammen und ist verpflichtet, mit dem Finanzausschuß als Vergabeausschuß zusammenzuarbeiten. Er hat über seine Sitzungen eine Niederschrift zu fertigen und dem Vorstand von seiner Arbeit zu berichten."

Den Heiland gefunden

Frau Kroneberg war gerade beim Staubsaugen, als an diesem regnerischen Morgen der Briefträger einen erfreulichen Frühlingsgruß brachte. Frau Birkhahn hatte geschrieben:

„Liebe Familie Kroneberg,

wie froh und dankbar bin ich, daß mein lieber Mann nun endlich auch zum Heiland gefunden hat. Ich weiß, Sie haben sehr dafür gebetet, daß er erkennen möge, daß nur unser Herr Jesus allein für ihn Rettung bringen kann. Wir wollen uns alle darüber freuen.

Ernst konnte sogar einige seiner ehemaligen Skatbrüder dazu bewegen, mit in den Seniorenkreis der Kirchengemeinde zu kommen.

Ja, es ist doch ganz was anderes, wenn beide Ehepartner gläubig sind!

Viele Grüße

Ihre Birkhahns."

Freudenthal muß in den Ausschuß!

Vier Tage nach der Frühjahrssitzung kamen die Mitglieder des „Ausschusses Freizeitheim" zu ihrer ersten Besprechung zusammen.

„Nun, womit fangen wir an?" eröffnete Herr Kroneberg die gutgelaunte Dreierrunde. „Am sinnvollsten wäre es, wenn ich wohl erst einmal berichte, daß ich mich bereits beim Bürgermeister der Gemeinde Jallerup, bei Herrn Dreeßen, telefonisch nach der Adresse des Erben erkundigt und erfahren habe, daß alleiniger Vermögensübernehmer Knud Nielsen, der Sohn des verstorbenen Landwirts, ist. Herr Nielsen wohnt im benachbarten Strandbad und betreibt dort eine gut florierende Wäscherei. Daß er wenig Interesse am Weiterführen des Landwirtschaftsbetriebes hat, ist gewissermaßen verständlich, und einen Pächter für den Hof möchte er auch nicht, wie mir der Bürgermeister mitteilte. – Gestern habe ich Herrn Nielsen angeschrieben und um ein Gespräch mit unserm Ausschuß gebeten. Hier ist die Durchschrift meines Briefes." Kroneberg schlug einen Ordner auf und reichte das einzige dort abgeheftete Schriftstück zur Einsicht herum.

„Einverstanden, Bruder Kroneberg! Das ist der richtige Einstieg für unsre Ausschußarbeit", äußerte sich Frau Ennslin nach dem Durchlesen. „Ich habe da noch etwas anzuregen: Mir ist nämlich eingefallen, daß wir unter unsern Gemeindegliedern einen Architekten haben, Herrn Freudenthal. Er ist zwar nicht Mitglied des Vorstandes, aber sollten wir uns nicht bemühen, ihn in unsern Ausschuß mit aufzunehmen? Herr Freudenthal hat hier in der Stadt ein eigenes Büro und ist als tüchtiger Architekt bekannt."

„Stimmt auch! Daran habe ich gar nicht gedacht", gab Herr Dallmeyer zu und tippte sich an die Stirn. „Eine gute Idee!"

„Na, sehen Sie", versuchte Frau Ennslin zu witzeln, „wozu eine Frau unter Männern doch gut ist!"

„Natürlich – Bruder Freudenthal! Ein Fachmann gehört unbedingt in unsre Runde. Er ist der richtige Mann! – Doch, Geschwister, eigenmächtig dürfen wir unser Gremium nicht erweitern. Ich werde noch gleich heute abend bei den andern Vorstandsmitgliedern anrufen und um Zustimmung bitten, daß unser Ausschuß um Bruder Freudenthal bereichert wird, vorausgesetzt, er sagt zu. Schließlich ist Freudenthal vielbeschäftigt", bemerkte Herr Kroneberg.

Wenige Tage später traf ein Brief von Herrn Nielsen ein, in dem er ein Treffen für den kommenden Samstag neun Uhr vor dem zum Verkauf stehenden Bauernhof in Jallerup vorschlug. Bernhard Kroneberg hängte sich nach seinem Feierabend flugs ans Telefon, verständigte die Ausschußmitglieder Ennslin und Dallmeyer, teilte ihnen mit, daß nun auch Herr Freudenthal dazugehöre, und legte fest, am Samstag früh um halb sieben mit seinem Wagen gen Norden nach Jallerup zu fahren.

Ortsbesichtigung

Es war recht kühl an diesem Frühlingsmorgen, als Frau Ennslin und die Herren Dallmeyer, Freudenthal und Kroneberg vor dem besagten Bauernhof aus dem Auto stiegen. Elf Minuten vor neun zeigte die Jalleruper Kirchturmuhr an, und von Herrn Nielsen war noch nichts zu sehen.

Ausschußmitglied Dallmeyer strebte gleich der verwitterten braunen Haustür zu. Sie war verschlossen. Dann erblickte er überm Eingang den Hausbalken. ‚Lever dot als Slav' stand dort tief eingeschnitzt und war mit weißer Ölfarbe sorgfältig ausgemalt worden. „Lieber tot als Sklave", übersetzte er bedächtig und zog dabei den Reißverschluß seiner Thermojacke runter. „Was hatten die Leute doch früher für einen bewundernswerten Freiheitsdrang! Eine starke Parole! – Wie alt mag das Haus sein?"

Kurz vor neun Uhr kam ein weißer Kombi aufs Grundstück gerollt. ‚Wäscherei Nielsen' stand an den Fahrzeugtüren. Ein stattlicher Mann entstieg dem Wagen und ging auf die Wartenden zu.

„Guten Morgen! – Nielsen!" stellte er sich vor und begrüßte freundlich die Kaufinteressenten. „Es ist richtig kalt heut morgen", bemerkte er, holte einen prallen Schlüsselbund aus seiner Jackettasche und schloß die ein wenig klemmende Haustür auf. „Ich werde Sie erst einmal durchs ganze Gebäude führen, und anschließend können wir über alles weitere sprechen", sagte er.

Im Wohnteil befand sich noch einiges zurückgelassenes Mobiliar, stilechte Tische, zwei Truhen und Stühle.

„Solide Arbeit – echt Eiche!" erklärte Herr Nielsen und klopfte mit den Fingerknöcheln auf einen Truhendeckel. „Trotzdem – das Zeug kann hierbleiben. – Darf ich Sie nun in den Stallteil bitten!"

Obwohl sich seit Wochen keine Kühe mehr im Stall befanden, weil ortsansässige Landwirte das Vieh aufgekauft hatten, konnte man die ehemaligen Bewohner noch ‚erriechen'.

„Ja, die Tiere und alle Maschinen habe ich verkauft. Aber damit könnten Sie sicher ja doch nichts anfangen. – Was sagten Sie – Sie beabsichtigen ein christliches Freizeitheim hier einzurichten, falls Sie den Hof kaufen würden? Dann soll der Nielsenhof etwa ‚christlich' werden –? Wissen Sie, ich bin zwar hier auf dem Hof geboren und habe lange genug hier gelebt, 'ne Bibel hatten wir auch im Haus, und Weihnachten wurde auch gefeiert – mit Tannenbaum, frommen Liedern und so, doch sonst . . . Aber schließlich kann der Käufer ja machen, was er will, Hauptsache, ich werd' das hier los."

Architekt Freudenthal hantierte eifrig mit Zollstock und Metermaß herum, machte Notizen und erstellte mit flinken Strichen Skizzen in einen großen Zeichenblock.

„Herr Nielsen", warf Rechnungsführer Dallmeyer ein, „können Sie uns denn so in etwa eine Kaufsumme nennen?"

„Nun, darüber wollen wir uns noch in aller Ruhe unterhalten. Dazu lade ich Sie gleich anschließend zu einem Mittagessen in den Dorfkrug ein. Auf meine Kosten – versteht sich!"

Herr Freudenthal kam recht ins Schwitzen. Und während er noch allein zum Begutachten, Messen und Fotografieren im Haus zurückblieb, führte Nielsen seine Gäste ums Anwesen.

Gegen Mittag war Herr Freudenthal dann fertig, gesellte sich zu den anderen, die lieber hätten Gummistiefel anziehen sollen, weil der Boden doch recht aufgeweicht war, und bemerkte: „Im Groben hab' ich's zu Papier gebracht. Ist noch 'ne Menge Arbeit. Da muß ich mir viel einfallen lassen, und ich werde nächste Woche mal wieder herkommen, um alles genauer zu erfassen." Dann fuhren sie zum Dorfkrug.

Frau Ennslin war sehr beeindruckt von dem alten Wirtshaus. Derbes Eichenholz und rissiges Leder, kräftige Ölbilder und kostbare Holländerkacheln an der Tresenwand, niedrige Decke und schiefe Bohlen, verblichene Gildefahnen und Daguerreotypien: plötzlich war sie eingefangen von der Atmosphäre einer längst verfallenen Kultur.

Die Personen nahmen am großen rustikalen Wirtshaustisch Platz, und als Gastwirt Christiansen hinzutrat, gab es freundliche Wiedersehensworte, als er Herrn Kroneberg sah, den er noch vom letzten Jahr, und ganz besonders vom Gemeindefest her kannte.

„Hauke, bring uns erst mal 'n Kaffee, und dann nimm von uns die Essenbestellungen auf!" sagte Nielsen zum Wirt. Dann wandte er sich an die Hofbesichtiger: „So – Sie haben nun das Verkaufsobjekt gesehen! – Ich bin froh, daß Sie Interesse zeigen, denn bisher hat sich wegen des Angebots noch niemand bei meinem Makler gemeldet. Irgendwie ist mir der Hof ein Klotz am Bein, und ich würde ihn lieber heut als morgen los. Verstehen Sie –?"

Gastwirt Christiansen brachte den Kaffee und servierte absichtlich ganz langsam, damit er von dem Gespräch der Gäste möglichst viel mithören konnte.

„Okay, Herr Nielsen, wir haben soweit alles besichtigt! Das Haus ist guterhalten – ohne Zweifel", bestätigte Architekt Freudenthal und schob seinen auf den Wirtshaustisch gelegten gelben Zollstock ruckartig hin und her. „Am besten wär's, wenn Sie noch irgendwelche Bauzeichnungen von dem Haus auftreiben könnten, aber sicherlich sind keine mehr vorhanden – bei dem Alter!"

„Frau Ennslin, meine Herren, das Haus ist immerhin an die zweihundert Jahre alt – nein, Zeichnungen gibt's nicht mehr davon." Nielsen nahm einen kräftigen Schluck aus seiner Tasse. „Herr Freudenthal, mit dem Um- und Ausbau wird es nicht ganz so leicht sein; das Haus steht unter Denkmalschutz, und jeder baulichen Veränderung am und im Gebäude muß neben der Baubehörde auch das Denkmalschutzamt zustimmen. Aber damit kennen Sie sich als Architekt ja besser aus als ich!"

„Hmm, das duftet aber!" bemerkte Frau Ennslin, und hinter den dicken Gläsern ihrer Brille beobachtete sie, wie der Gastwirt reichlich ungelenk und tapsig auftafelte.

„Und was meinen Sie, wie die erst schmecken, junge Frau!" warf der kaum ältere Christiansen selbstlobend ein. „Frische Schollen, eine Spezialität meines Jalleruper Dorfkruges – immer ein Genuß!"

Während des Speisens wurden die Gespräche lebhaft weitergeführt.

„Noch mal zu den Kosten: Ich hab' zwar Einheitswertbescheide für dies Grund- und Betriebsvermögen vorliegen, werd' aber in den nächsten Tagen einen Schätzer beauftragen, der den tatsächlichen Verkaufswert feststellen soll. Dann bekommen Sie sofort Bescheid, und es kann vielleicht bald eine Auflassung stattfinden."

Herr Dallmeyer legte sein Fischbesteck aus den Händen und tupfte sich mit der Papierserviette die Mundwinkel ab. „Die Kaufsumme und die Umbaukosten sind für uns das Entscheidende.

Schließlich bezieht unsre Gemeinde keine öffentlichen Gelder – Kirchensteuern. Wir sind allein auf freiwillige Gaben, auf Spenden unsrer Brüder und Schwestern angewiesen. Und mit der jahrzehntelang angesparten Rücklage können wir auch nicht gerade große Sprünge machen. Eine Kreditaufnahme wird sich ohnehin nicht vermeiden lassen. Aber warten wir die Nachricht des Schätzers ab!"

„Da sehen Sie, wie gewissenhaft unser Rechnungsführer mit dem Geld umgeht!" scherzte Herr Kroneberg. „Ja, es ist wahr, wir müssen mit jedem Pfennig rechnen. Wichtig scheint mir auch die Frage zu sein, wie groß die das Gebäude umgebende Grundstücksfläche sein soll. Wir müssen an etwas Nutzgarten, Spiel- und Freizeitgelände denken!"

Nachdem man alles Wesentliche und das zu besprechen Mögliche erörtert hatte, verabschiedete sich Herr Nielsen, und die Ausschußmitglieder machten, bevor sie nach Hamburg zurückfuhren, noch einen kurzen Spaziergang durch das kleine nordfriesische Dorf.

Während die anderen ein Stückchen weiter in Richtung der neuen Siedlung gingen, schaute Herr Kroneberg für einige Minuten auf dem Knudsenhof vorbei. Ihm tat es schrecklich leid, daß er kein Mitbringsel für Ute hatte, war sie es doch, die durch ihren Brief den Stein ins Rollen gebracht hatte. Und bevor Herr Kroneberg der Bundesstraße zusteuerte, um Jallerup zu verlassen, stoppte er vor der Kirche, ging auf einen Sprung ins danebenstehende Pfarrhaus und besuchte für kurze Zeit Pastor Jansen und Frau.

Nach dem schnellen Hineinschauen begleitete der Pfarrer seinen Gast zum Wagen zurück, und Kroneberg stellte ihm seine drei Mitfahrer vor.

„Der Herr möge Ihnen viel Gelingen schenken! Ich werde im Gebet hinter Ihrem Vorhaben stehen", sagte der Geistliche, bedauerte sehr, daß sie schon zurückfahren wollten, und versicherte, Knud Nielsen sei ein ehrlicher Kerl und man könne sich auf den verlassen. Der haue keinen übers Ohr – obwohl er ein gewiefter Geschäftsmann sei.

Utes Vater zeigt kein Verständnis

„Das ist ja wohl'n Ding! Nun soll Nielsens Haus zu 'nem frommen Ferienheim umfunktioniert werden! Und wer steckt dahinter – ratet mal! Unser ehemaliger Urlaubsgast Kroneberg mit seiner heiligen Gemeinde aus Hamburg! Ich möcht' nur wissen, wie er vom Kaufangebot Wind bekommen hat. Daß Knud Nielsen in irgend'ner Hamburger Zeitung inserierte, glaub' ich nicht. – Die Frommen wollen mir mit ihrem Freizeitheim, oder wie sie das nennen, letzten Endes noch Konkurrenz machen und uns die Feriengäste wegschnappen. – Na warte!" wetterte Bauer Knudsen ziemlich erbost am Abendbrottisch herum, saugte sich an der Kornflasche fest wie ein Säugling an der Mutterbrust und schlürfte geräuschvoll den klaren Getreideschnaps hinunter.

„Soll ich dir's verraten, wer Kronebergs den Tip vom Hofverkauf gegeben hat?" fragte Ute ihren inzwischen in Rage geratenen Vater. – „Ich war's!" lüftete sie das Geheimnis und tat recht stolz dabei. „Ich hab's Kronebergs geschrieben."

Der Bauer war jetzt im ersten Augenblick so starr, daß er kein Wort herausbrachte, doch dann polterte er los: „Wie find ich denn das? – Meine Tochter, meine eigne Tochter – das fromme Küken! Hätt' mir's doch gleich denken können! Du willst wohl, daß hier nach Jallerup 'ne superheilige Kirche herkommt, das da bei Pastor Jansen ist dir wohl noch nicht genug – wie? Wenn die in Nielsens Haus erst mal ihr Kloster eingerichtet haben, dann lungerst du bestimmt immer dort rum. Umwinselst doch jetzt schon dauernd den Jansen und bist mehr im Pastorat als bei uns zu Haus. Bist du überhaupt noch unsre Tochter? – Ach was, du bist ja deinem Jesus bis auf die Knochen hörig! Wir Eltern bedeuten dir wahrscheinlich gar nichts mehr!" warf Knudsen, der lieber gesehen hätte, daß Utes Lebensrhythmus auf Häuslichkeit beschränkt bliebe, seiner Tochter vor. Er fühlte sich ihr unterlegen, merkte aber auch, daß sie ihm in dieser Frage entglitt. Keifend versuchte er, Ute in die Rolle des puppenhaft anmutenden Kleinkindes zurückzuzwingen. Der Erfolg war gleich Null. Dabei half Ute nach der Schule oft im Haushalt und hatte ihre Eltern nach ihrer Bekehrung viel lieber als zuvor. Doch sie dachte an das Wort in Matthäus 10,37: ‚Wer seinen Vater oder seine Mutter mehr liebt als mich, taugt nicht für mich', und setzte daher die Liebe zu Jesus vor die, die sie ihren Eltern entgegenbrachte.

Ute hatte es als Gläubige in ihrer Familie nicht leicht und fühlte sich manchmal wie eine Ausgestoßene, wie eine Verfemte. Und nun nahm ihr Vater sogar den eventuellen Hofkauf durch Herrn Kronebergs Gemeinde zum ständigen Anlaß, sich an ihr noch mehr auszulassen.

Kein Pappenstiel!

Bei der nächsten Vorstandssitzung, zu der als Gast auch Architekt Freudenthal geladen war, berichtete Herr Kroneberg ausführlich über die Ortsbesichtigung und über das Gespräch mit dem Erben.

„Wir können dankbar sein, daß sich Bruder Freudenthal bereit erklärt hat, für uns sämtliche statischen Berechnungen und Zeichnungen zu erstellen – und das ohne Honorar. Damit entfallen die Kosten, die wir an ein Planungsbüro zu zahlen hätten. – Lieber Herr Freudenthal, vielen Dank für Ihre Zusage!" Die anderen Vorstandsmitglieder bekundeten durch zaghaftes Tischklopfen ebenfalls ihre Freude und nickten gleichzeitig dem Architekten zu, der in seinem verknitterten Cordanzug mit am Tisch saß.

„Vor einigen Tagen schickte mir Herr Nielsen den Bericht des Gebäudeschätzers. – Einen Augenblick bitte!" Kroneberg entnahm seinem Aktenordner das Schriftstück. „Der Erbe beabsichtigt, das Gebäude mit einer Landfläche von zwei Hektar für 732.000 Mark zu verkaufen. Die Vermessungskosten übernimmt Nielsen. Geschwister – dieser Betrag ist für uns kein Pappenstiel! Wir werden daran ganz schön zu knabbern haben!"

Im Tagungsraum wurde es still. Dann ergriff Rechnungsführer Dallmeyer das Wort: „Das ist also der nackte Preis für das Gebäude mit den zwei Hektar Land. Puuh –!" stöhnte er, bat Kroneberg um das Schreiben und las es mit fahrigen Blicken durch. „Und hinzu kommen dann noch die Kosten für den Um- und Ausbau. – Das wirft harte Finanzprobleme auf!" Er schaute fragend zu Herrn Freudenthal hinüber.

Der Baufachmann wünschte zu sprechen und berichtete dann: „Nach meinen groben Schätzungen kämen für den Ausbau und für die Einrichtung noch runde 110.000 Mark hinzu, wenn wir sämtliche Arbeiten vergeben würden. Eventuell wird es noch teurer, denn das Strohdach ist nicht mehr in einem besonders guten Zustand. Wir müßten es neu eindecken lassen – etwa mit Ziegel."

Herrn Dallmeyers Hirn tickte wie eine Rechenmaschine. Er kaute auf seiner Unterlippe und überschlug schnell: „Für den Kauf und den Umbau hätten wir demnach etwa 850.000 Mark aufzubringen. Wie ich Ihnen bereits in der Sitzung zum Jahresanfang mitgeteilt habe, beläuft sich unsre Rücklage auf nicht einmal die Hälfte dieser Gesamtsumme. Das würde also eine Kreditaufnahme über die Differenz bedeuten. Wir haben zu überlegen, wie wir die Mittel sonst noch aufbringen und wo wir einsparen könnten. Es bleibt uns daher nichts anderes übrig, als uns um Zuweisungen zu bemühen, um Spenden zu bitten und viel Eigenleistung zu erbringen. Auch wir Christen müssen gewitzt sein, alle legalen Möglichkeiten auszuspielen, um Geld zu sparen; und vielleicht helfen uns unsre Gemeindeglieder mit ihren Beziehungen zu Baustoffhändlern und beschaffen uns günstig Materialien."

„Wir wollen die Sache erst einmal überschlafen und nicht voreilig handeln. Doch ich wünsche mir, wir könnten noch vor Ostern beschließen, ob wir das Angebot annehmen. Sicherlich möchte Herr Nielsen auch wissen, woran er ist", äußerte sich Prediger Hagedorn und schloß damit die Sitzung.

Informationsnachmittag

Auf den Veranstaltungskalender der christlichen Gemeinde hatte man für den Sonntagnachmittag einen Informations- und Lichtbildervortrag über das geplante Freizeitheim gesetzt.

Der Saal war gerammelt voll, als Prediger Hagedorn nach vorne ging und diesen vielversprechenden Nachmittag eröffnete: „Liebe Gemeinde, nun dürfte es auch bis zum Letzten durchgesickert sein, daß wir planen, ein Freizeitheim zu schaffen, und ich möchte es Ihnen nicht vorenthalten, was im Vorstand und in dem eigens hierfür gebildeten Ausschuß in letzter Zeit beraten wurde – und was uns Kopfzerbrechen macht."

Herr Hagedorn erzählte dann alles über das bisher in die Wege Geleitete, bat auch Architekt Freudenthal, einen kurzen Bericht zu geben, und stiftete gar mit der genannten Kauf- und Umbausumme Unruhe unter den Anwesenden. Dann sagte er: „Sie haben nun so viel über technische Sachen und Finanzen gehört, jetzt möchte Ihnen Bruder Kroneberg eine Lichtbilderserie über das Dorf Jallerup und über die nordfriesische Landschaft vorführen. Natürlich werden wir auch Dias von dem Nielsenhof zu sehen bekommen und einiges über die in dieser Gegend vorherrschenden Sitten und Gebräuche erfahren. So – dürfte ich bitten, daß jemand die Fenstervorhänge zuzieht und das Licht ausmacht! – Bitte, Bruder Kroneberg!"

Kroneberg schob als erstes einige Dias in den Projektor, die einen Eindruck von Nordfriesland vermitteln sollten: Eine flache Landschaft tat sich auf. Küstenmotive waren auf der Leinwand zu sehen.

„Ja", kommentierte Herr Kroneberg, „man könnte glauben, daß man sofort bis ins Letzte schaut. Alles erscheint so klar und einfach: das flache, grüne Land, die versprengten Bauminseln der Warften, die Dörfer, die Deiche, der Strand vor den Dünen, darüber der hohe Himmel."

Es waren baumumstandene Großhöfe neben alten Bauernkaten zu sehen, kleine Gräben wechselten sich ab mit kanalartigen Sielzügen, verlassene Warften mit Altdeichen, Getreidefelder mit saftigen Fennen.

Als der Bildwerfer stimmungsvolle Aufnahmen von einem kleinen Küstendorf hervorzauberte, meinte der Operateur: „Hier trifft man sie an, die noch intakte Harmonie zwischen Technik und Natur, das unzerstörte Verhältnis des Menschen zum Meer. Dann kann man sie noch erleben, die malerischen Szenen, wenn die Fischkutter in der sinkenden Sonne vom Fang heimkehren, die Möwen um die Masten ziehen und voller Erwartung kreischen, das dumpfe Hämmern der Motoren sich in das Rauschen der Brandung mischt. Aus den wetterbraunen Mienen der Fischer strahlt noch die wunderbare Ruhe der Menschen, die im Rhythmus der Natur leben. Ja, Geschwister, die Friesen, dieses etwas rauhbeinige Küstenvölkchen, verstehen aber auch ihre Freizeit zu genießen."

Herr Kroneberg projizierte auf die Bildwand eine Feierabendgruppe, die in einer gemütlichen Stube saß.

„Hier, diese Leute trinken Teepunsch! Dieser verkürzt den Einheimischen so manche lange Winternacht und ‚hilft' auch vielen Kurgästen über einen verregneten Sommer. Er beruhigt die Gemüter – sagt man – und verströmt friesische Urigkeit." Kroneberg räusperte sich lautstark. „Oder man trinkt in dieser Gegend Eiergrog nach einem geheimen Rezept. Dieser soll schon manchen nichtsahnenden Genießer nach wenigen Gläsern bettreif gemacht haben."

Bernhard Kroneberg führte noch einige Dias von trachtentragenden, alten Bäuerinnen vor und sagte danach: „Und nun zeige ich Ihnen, wie es in einem alten Friesenhaus aussieht. Ich habe diese Aufnahmen im Knudsenhof gemacht, und so ähnlich mag es auch in dem zum Kauf angebotenen Haus von Nielsen ausgesehen haben, als es noch bewohnt war."

Da sah man in manchen Räumen Delfter Kacheln vom Boden bis zur Decke, Holländer Gold- und Silberschmuck in Schränken und Regalen, Brabanter Spitzen auf Tischen und Truhen.

Eine Frau aus dem Saal fragte: „Woher kommt dieser Reichtum?"

Herr Westernhagen schaltete sich ein und erklärte: „Da die Nordfriesen seit dem 17. Jahrhundert mehr die Meere als den Acker pflügten, die Männer waren nämlich gefragte Gastarbeiter auf niederländischen Walfangschiffen und kamen schnell zu Geld, gehört zur friesischen Stube auch die Fülle der Mitbringsel, vorwiegend Arbeiten aus Walknochen. Daher dokumentieren es viele alte Bauernstuben in dieser Gegend."

„So mag es gewesen sein", nahm Herr Kroneberg wieder das Wort an sich, „und die Innenräume vieler Häuser sind so ausgenutzt, als ob es Schiffskajüten wären; wo neben den Bettenöffnungen Platz bleibt, wurden Wandschränke eingebaut. Rings um den Raum zieht sich oberhalb von Tür und Betten ein Gesims, auf dem bunte Teller stehen."

Kroneberg machte eine kleine Pause, schob einen neuen Kasten mit Glaslichtbildern in den ziemlich heißgelaufenen Projektor und kündete an: „Und nun die Ansichten vom Nielsenhof!"

Aufmerksam starrten die Gemeindeglieder auf die Leinwand, und man hörte aus dem Dunkel des Saales Bemerkungen wie: „Das ist ja ein wahres Schmuckstück – macht einen netten Eindruck – so schön hätt' ich mir's nicht vorgestellt!"

Nach der Vorführung trat Herr Hagedorn noch einmal vor die Menge: „Liebe Gemeinde! Ich weiß, Architekt Freudenthal ist nicht der Mann, der auf Dank aus ist, aber lassen Sie es mich trotzdem tun: – Bruder Freudenthal, Sie wenden unentgeltlich viel Zeit mit der Umbauplanung auf, ja, wie ich erfahren habe, sitzen Sie unsertwegen oft bis Mitternacht vor Ihrem Reißbrett. Unser aller Dank!"

Der Prediger sprach zum Abschluß noch ein kurzes Gebet, und bevor dieser „Freizeitheim-Informationsnachmittag" am frühen Abend zu Ende war, sang man das Lied:

„Ich weiß, mein Gott, daß all mein Tun
und Werk in deinem Willen ruhn,
von dir kommt Glück und Segen;
was du regierst, das geht und steht
auf rechten, guten Wegen."

Ja, ja, mit Jesus und so . . .

Sogar Bauer Knudsen war am Sonntag in der Kirche. Nach dem Gottesdienst sagte er am Ausgang zu Pastor Jansen: „Dann müssen Sie ja bald um Konkurrenz bangen, wenn erst mal der Kroneberg seinen Tempel hier aufmacht. – Sagen Sie mal, ist das wirklich so, daß auf dem Nielsenhof so was Heiliges hinkommt? Sie wissen es doch genau! Zwar faselt meine Ute dauernd was von 'nem christlichen Freizeitheim, aber die Göre nehme ich sowieso nicht für voll."

„Ja, Herr Knudsen, eine christliche Gemeinde aus Hamburg bemüht sich um den Kauf des Hauses und möchte ein Rüstzentrum einrichten", erklärte der Pfarrer.

„Hört sich bald nach was Militärischem an – Rüstzentrum! – Ist das denn aber wirklich so was mit Jesus und so . . . ?" wollte der Bauer wissen.

„Ja, ja, mit Jesus und so – wie Sie schon richtig vermuten. Es ist eine gute Sache!"

Knudsen stülpte sich seinen altmodischen grauen Sonntagsfilzhut auf und eilte mit einem grimmigen Gesichtsausdruck nach Hause.

Knudsen trumpft auf

Im Jalleruper Dorfkrug ging es an diesem Abend hoch her. Der Bürgermeister hatte zu einer öffentlichen Gemeindevertretersitzung geladen, und es war recht ungewöhnlich, daß auch etliche nicht der Ratsversammlung angehörige Dorfbewohner ihr Interesse zeigten und zum Zuhören gekommen waren.

Der ehrenamtliche Bürgermeister erhob sich von seinem Platz, begrüßte die Vertreter und Bürger. Dann kam er zur Sache: „Grund dieser Sitzung ist, die dummen Gerüchte, die in der letzten Zeit im Zusammenhang mit der möglicherweise eintretenden Neunutzung des Nielsenhofes durchs Dorf kursieren, zu unterbinden. Sie soll der Klarstellung dienen."

Bauer Knudsen, der ebenfalls dem Gemeinderat angehörte, versuchte gleich von Anfang an, völlig die Regie an sich zu reißen, und fiel dem Vorsitzenden des Ortsparlamentes spöttelnd und lautstark ins Wort: „Da hat also dieser Kroneberg sein frommes Comeback in Jallerup! Der will sich mit seiner Gottesgemeinde hier bestimmt ganz seßhaft machen. Meine Herren, der bringt nur Unruhe ins Dorf! Jallerup wird ein richtig heiliger Ort – ein Jerusalem in Nordfriesland! Daß ich nicht lache! – Kroneberg und seine Leute müssen ja 'ne Menge Geld haben! Alles unsre Steuergroschen – und die wollen sie nun in so 'nem Ferienzentrum verbraten."

Bürgermeister Dreeßen widerlegte scharf und unmißverständlich: „Es handelt sich nicht um eine Kirche und schon gar nicht um eine Sekte, falls du das vermutest, sondern Kronebergs Gemeinde finanziert sich ausschließlich aus freiwilligen Spenden."

„Stimmt auch, das hat er mir ja letztes Jahr mal erzählt. Ich hab's vergessen. – Aber die wollen doch das Haus groß umbauen – fehlt bloß noch, daß die 'nen Glockenturm aufstellen", bemerkte der Bauer erregt, und ein Hauch von Röte war in seinem aufgeschwommenen Gesicht zu erkennen. „Das jetzige Kirchengebimmel nervt mich schon genug – besonders am Sonntagmorgen, wenn man mal kräftig auspennen will."

„Ereifer dich nicht, Hinrich! Deine Befürchtungen werden sich nicht bewahrheiten", unterbrach der Bürgermeister den Aufgebrachten. Doch Knudsen schlug mit Worten wild um sich und setzte seine Lästerkaskaden fort. Er war schwer im Zaum zu halten und krakeelte: „Eine Kirche im Dorf genügt uns! Und jetzt soll noch so'n Ding entstehen. Ach, wär' der alte Nielsen doch nur nicht gestorben! Jetzt haben wir das Malheur mit der Frömmigkeit. Jallerup als Wallfahrtsort – mit Pilgern und so!"

„Nun mal sinnig, Hinrich! Wir sind doch hier keine Schwatzbude. Es ist ja noch lange nicht soweit. Kronebergs Gemeinde bemüht sich vorerst noch um den Kauf. Was wirklich dabei herauskommt, wissen wir alle nicht", stoppte Gemeindevertreter Grothusen seinen Kollegen.

Während der Ortsabgeordnete Bäckermeister Struve der Meinung war, daß von dem Freizeitheim auch die heimischen Gewerbebetriebe profitieren könnten, äußerte sich Gastwirt Christiansen, daß Fromme sowieso nicht zum Trinken in seinen Krug kämen. An denen sei ohnehin nichts zu verdienen.

Zu vorgeschrittener Abendstunde schloß der Bürgermeister die Ratsversammlung mit der Gewißheit, diese Sitzung habe wenigstens der Aufklärung über das „Vorhaben Freizeitheim" gedient und räume für die Zukunft alle Spekulationen und Gerüchte aus. Bei Gemeindevertreter Knudsen war er sich jedoch nicht sicher.

Der Nielsenhof wird gekauft

Noch vor Ostern hatte Prediger Hagedorn eine Dringlichkeitssitzung einberufen. Gleich zu Beginn erteilte er Architekt Freudenthal das Wort.

„In der Zwischenzeit war ich mit einem meiner Angestellten in Jallerup, und wir haben das Gebäude genauer unter die Lupe genommen. Nachher werde ich einen Zeichnungsentwurf und eine Kostenaufstellung über den Ausbau vorlegen, muß Ihnen jedoch mitteilen, daß das Dach erhebliche Mängel aufweist. Es müßte erneuert werden – durch Ziegel, Wellblech oder künstlichen Schiefer. Nun die Sache hat aber einen Haken: ich habe dann nämlich auch von der Denkmalschutzbehörde die Genehmigung einzuholen. Wie ich jedoch aus Erfahrung weiß, erteilt dieses Amt nur ungern eine Erlaubnis, weil reetgedeckte Dächer erhalten bleiben sollen, da sonst das Gebäude in seiner gesamten Struktur leidet, würde es mit einem anderen Belag versehen. – Nun zu den Umbauplänen."

Der Architekt überreichte jedem Vorstandsmitglied einen Hefter mit Zeichnungen, Statiken und Kostenberechnungen. Und schon ging eifrig das Blättern los. Herr Freudenthal gab weitere Erklärungen: „Der bestehende Wohnteil kann im großen und ganzen so erhalten bleiben – als spätere Hausmeisterwohnung und als Wirtschaftstrakt. Dort beabsichtige ich, aus zwei größeren Stuben einen kleinen Saal für etwa sechzig Personen zu schaffen, der als Aufenthalts- und Speiseraum genutzt werden kann. Ferner sind geringfügige Veränderungen am Schornstein, in der zum Glück großen Küche, vorzunehmen. Der eigentliche Ausbau findet im jetzigen Stallteil statt. Wie Sie aus dem Entwurf ersehen, habe ich geplant, dort sechs Einzel-, vier Doppel-, zwei Dreibett- und drei Vierbettzimmer auszubauen. Somit könnten zweiunddreißig Personen im Freizeitheim übernachten. – Das Ausbauen der Räume wird keine großen Schwierigkeiten bereiten, denn wenn die Kuhstallboxen entfernt sind, lassen sich aus der Leerfläche durch das Montieren von Fertigbauwänden schnell Zimmer abteilen. Die heutigen modernen Bauelemente ermöglichen es. Am aufwendigsten ist hier nur das

Verlegen der Ver- und Entsorgungsleitungen, ja, vor allem für die Dusch- und Toilettenräume. Sollte der Umbau so, wie ich es Ihnen eben erläutert habe, durchgeführt werden, bleibt immer noch genügend Raum, um später noch weitere Zimmer einrichten zu können."

„Danke schön für Ihre Ausführungen!" sagte Prediger Hagedorn. „Wir werden uns die Unterlagen in Ruhe anschauen und dann entscheiden. Doch heute haben wir zu beschließen, ob wir den Nielsenhof überhaupt erwerben sollen. Bevor wir darüber abstimmen, bitte ich Bruder Dallmeyer, uns einen Bericht über das Finanzielle zu geben."

Der Rechnungsführer machte es kurz: „Geschwister, ich habe bei verschiedenen Geldinstituten angefragt und mir darlegen lassen, zu welchen Zinssätzen wir einen Kredit von etlichen hunderttausend Mark aufnehmen könnten. So viel Fremdkapital benötigen wir für den Kauf, den Ausbau und die Einrichtung. Ferner sollten wir uns um Zuweisungen von anderen Stellen bemühen, um das Darlehen schnell zurückzahlen zu können. Dann müssen wir noch bedenken, daß wir Mittel benötigen, um unsere bisherigen laufenden Kosten zu decken. Bruder Hagedorn muß ja schließlich unter anderem auch sein Predigergehalt weiterbekommen."

In den nächsten eineinhalb Stunden wurde bei Kaffee und Kleingebäck eifrig über die Kostenberechnungen debattiert. Man kalkulierte, rechnete und stellte Überlegungen für eine eventuell andere Finanzierungsmöglichkeit an. Schließlich stimmten sie ab.

Protokollführerin Jacobi formulierte folgenden Text: „Nach eingehender Beratung wurde übereinstimmend beschlossen, das von Herrn Nielsen zum Verkauf angebotene Bauernhaus in Jallerup, einschließlich einer Grundstücksfläche von zwei Hektar Land, zu erwerben. Zur Finanzierung des Kaufs, der erforderlichen Umbauten und zum Beschaffen der Einrichtung für das geplante Freizeitheim ist ein Darlehen in Höhe von 418.000 Mark aufzunehmen. Ebenfalls wurde der Beschluß gefaßt, die von Herrn Architekt Freudenthal vorgelegten Umbaupläne zu überprüfen und so bald wie möglich den Bauantrag zur Genehmigung einzureichen. Außerdem soll bei der Denkmalschutzbehörde eine Ausnahmeerlaubnis beantragt werden, das schadhafte Reetdach durch ein Hartdach zu ersetzen."

Bevor Herr Hagedorn die Sitzung schloß, erwähnte er: „Wir sind heute schon ein ganzes Stück weitergekommen. Das freut mich. Morgen früh wird Bruder Kroneberg Herrn Nielsen fernmündlich über unsere Entscheidung benachrichtigen und alles weitere über den Kaufvertrag besprechen. Es gehört nämlich allerhand Behördenkram dazu. – Und nun noch etwas Trauriges und Erfreuliches: in den letzten Tagen wurde mir von einigen Geschwistern wiederholt vorgeworfen, wir würden uns finanziell übernehmen. Manche sprachen sogar davon, unserer Gemeinde den Rücken zuzukehren, wenn wir von dem Vorhaben nicht lassen. Ich werde mit diesen Zweiflern demnächst einmal eingehender reden. Solche Meinungsverschiedenheiten dürfen nicht Anlaß zu Streitigkeiten werden! – Nun das Erfreuliche: zwei selbständige Unternehmer aus unserem Geschwisterkreis haben anmerken lassen, daß sie uns mit ansehnlichen Spenden unter die Arme greifen wollen. Wir müssen den Herrn darum bitten, daß er einen jeden von uns zum Geben willig macht. Das Freizeitheim gehört uns dann doch schließlich allen!"

Nachdem Herr Dallmeyer als Bevollmächtigter das erforderliche Darlehen aufgenommen hatte, wurde am Gründonnerstag morgen die Auflassung vor dem für Jallerup zuständigen Amtsgericht vorgenommen und der neue Eigentümer – die christliche Gemeinde aus Hamburg – ins Grundbuch eingetragen. Die Verwaltungsgebühren für diese Dienstleistung hatte ein Gemeindeglied, das nicht genannt werden wollte, übernommen.

Ungebetene Verwalter

Kronebergs hatten sich kurzfristig entschieden, die Osterfeiertage in ihrem geliebten Jallerup zu verbringen, und sich deshalb um Unterkunft auf dem Knudsenhof bemüht. Bauer Knudsen war darüber sehr erfreut, bereits in der Vorsaison Gäste zu beherbergen.

Gleich nach dem Eintreffen, am Samstagabend vor dem Osterfest, wurden sie vom Bauern mit der Äußerung überrascht: „Sie sind wenigstens vernünftig, daß Sie bei uns wohnen werden und nicht auch wie Ihre Bekannten über die Feiertage in dem leeren Nielsenhof hausen wollen."

„Welche Bekannten?" fragte Frau Kroneberg erstaunt.

„Na, die jungen Leute, die seit vorgestern dort wohnen. Gehören die denn nicht zu Ihrer Gemeinde? Die sehen doch so aus wie Jesus-Typen", antwortete Knudsen.

„Das muß ich sehen!" wurde Kroneberg nervös. „Ich fahr' sofort hin." Und nach fünf Minuten hatte er das Haus erreicht. Als erstes fiel ihm auf, daß sich jemand am Türschloß zu schaffen gemacht hatte – die Haustür wurde vermutlich aufgebrochen. Dann betrat er das Gebäude und traf in der vormaligen geräumigen Wohnstube vier junge Leute an, die gerade zu Abend aßen. Ein bärtiger, etwa fünfundzwanzig Jahre alter Mann fragte anstandslos: „Wer bist du denn?" und ging mit schleppendem Gang auf ihn zu. „Mach dich dünn, Alter! Du kannst hier nicht rein! Schnüffeln gibt's hier nicht – verstanden!"

Herr Kroneberg erklärte: „Eine christliche Gemeinde aus Hamburg hat dies Haus gekauft. Ich bin ein Vorstandsmitglied – Kroneberg ist mein Name."

„Da mußt du schon entschuldigen!" unterbrach ihn der schlaksige Power-Flower-Typ. „Ich konnt' doch nicht wissen, daß du von Gott kommst."

„Moment mal! Noch duzen wir uns wohl nicht, mein Herr!" versuchte Kroneberg den Jüngling ohne verlogene Anbiederung und ohne Umschweife in die Bahnen der Höflichkeit zu weisen.

„Okay! Okay!" lenkte der Angesprochene ein, wischte sich die von dem Wurstbrot fettigen Finger an seinen verwaschenen Jeans ab und stellte die drei anderen jungen Leute vor, die genüßlich ihren Tee schlürften: „Das sind Jürgen, Kerstin und Sonja – ich bin der Achim."

„Und ich heiß' Bernhard", sagte der ‚Eindringling'.

Ein Handschlag machte die Runde.

„Und nun willst du uns wohl mit 'nem achtkantigen Satz aus diesem leerstehenden Haus feuern – wie? Darum bist du doch gekommen – oder? Hast bestimmt schon die Bullen – ääh, die Polizei verständigt, stimmt's oder hab' ich recht?" fragte die langhaarige Kerstin schnippisch in ungepflegtem Deutsch, aber mit kultivierter Stimme und begaffte den Fremden prüfend von oben bis unten.

„Seh' ich denn aus, daß ich euch mit Gewalt vertreiben will?"

Kerstin winkte lax ab und warf hektisch ihren Kopf in den Nakken. „Wer sieht schon so aus? – Ich kannte mal einen, der hatte ein Gesicht wie ein Chorknabe. Wie ein Meßdiener. Oder so was. War das brutalste Subjekt, das mir je untergekommen ist. – Tut uns leid. Wir meinten zuerst . . . "

Achim unterbrach seine Kommilitonin und erklärte ziemlich überzeugend: „Wir haben von jemandem erfahren, daß dies Haus leersteht, und weil wir dachten, es würd' vielleicht vergammeln oder abgerissen, haben wir's besetzt."

„So was Schönes muß doch erhalten bleiben – oder? Dann sind wir eben her. Seit vorgestern. Wollten uns schon nach dem Eigentümer erkundigen, nach Ostern, und dann bißchen aufräumen und als Bleibe für den Sommer einrichten – für unsre Leute. Einige würden nachkommen. Dieser Hof liegt doch unheimlich günstig, nicht weit von der See – die paar Kilometer!" schwärmte Kerstin.

„Uns gefällt's echt gut hier", mischte sich Achim wieder ein, zündete seine soeben selbstgedrehte Zigarette an und tat einen tiefen Zug. „Besonders toll sind die Bettnischen, diese Alkoven. Klappe zu, und du kannst ungestört einen auspennen. Das ist vielleicht ein dolles Schlaffeeling!"

„Leute, daß ihr Kulturgut bewahren wollt, ist ja zu begrüßen, aber dies Haus wird demnächst umgebaut und wieder bewohnbar gemacht – als christliches Freizeitheim, versteht ihr! Ich weiß eigentlich gar nicht, was ich jetzt mit euch machen soll. Allein kann ich aber nichts unternehmen und werd' deshalb nachher mit den andern Vorstandsmitgliedern in Hamburg telefonieren. Dann sollen die entscheiden, ob ihr noch bis zum Umbaubeginn bleiben dürft. Ich seh' ja, ihr seid anständig und beschädigt nichts. Nur daß ihr gewaltsam die Haustür aufgebrochen habt – nun ja, eigentlich ist das Einbruch, aber ich werd' mal von 'ner Anzeige absehen, klar!"

Herr Kroneberg setzte sich auf die niedrige Fensterbank. „Wenn ich also von meinen Vorstandskollegen Anweisung hab', was nun geschehen soll, geb' ich euch Bescheid. Gleich morgen früh." Er machte eine kleine Gedankenpause. „Ach nein, morgen früh, das geht nicht! Meine Familie und ich wollen ja zum Ostergottesdienst in die Kirche gehen. Sagen wir – morgen mittag! Oder: kommt morgen um zehn Uhr zum Gottesdienst! Dann erfahrt ihr's eher, wie die Entscheidung ausgefallen ist", schlug Kroneberg vor.

„Mal seh'n! Einer von uns wird vielleicht zur Kirche kommen als Abordnung – obwohl . . ."

„Was obwohl?"

„Du mußt wissen", meinte die brünette Sonja, „daß wir eigentlich für die Kirche nichts übrig haben. Aber – na ja, einer von uns wird schon aufkreuzen."

„Und sollte in der Zwischenzeit was vorfallen, ich wohn' über die Osterfeiertage auf dem Knudsenhof – nicht weit von hier. Auf alle Fälle könnt ihr bis morgen früh noch bleiben, dafür steh' ich gerade."

Herr Kroneberg machte mit den jungen Leuten noch einen Rundgang durchs ganze Gebäude und ermahnte sie beim Verabschieden, besonders vorsichtig im Umgang mit offenem Feuer zu sein, da das Haus ein Strohdach hatte.

Sofort nach Rückkehr auf den Knudsenhof führte Herr Kroneberg einige Telefongespräche nach Hamburg und bekam von allen Vorstandskollegen die Zusage, daß die Leute so lange bleiben durften, bis die Umbauarbeiten begannen.

Als Bauer Knudsen am Abend die Sache von der Hausbesetzung erfuhr und von der Entscheidung des Vorstandes hörte, regte er sich gewaltig auf: „So ganz ist das ja nun nicht Ihre Sache, wer da alles bei uns im Dorf wohnt! Und ich seh's nicht ein, daß Sie solchen Rabauken Unterschlupf gewähren. Wissen Sie denn überhaupt, was das für Leute sind? Das sind vielleicht Kriminelle oder sogar Polit-Rocker. Man hört ja genug Schlimmes von dem Pack: Straßenschlachten, Zerstörungen und Auseinandersetzungen mit der Polizei. Wenn die damit auch in Jallerup anfangen – na, dann gute Nacht! Ich kann das jedenfalls nicht verantworten. Das werd' ich sofort Friedrich Dreeßen mitteilen, der muß wissen, was sich hier abspielt, ehe es Ärger gibt." Damit verließ Bauer Knudsen äußerst eilig den Raum und machte sich auf den Weg zum Bürgermeister.

Als Knudsen nach etwa einer Stunde zurückkehrte, hatte sich seine Aufgeregtheit gelegt, doch er meinte, daß man die jungen Leute im Auge behalten solle. Sonst könne man wohl nichts unternehmen. Die Sache mit dem Türaufbrechen sei allerdings ein verdammt starkes Stück! Wahrscheinlich würden die Besetzer das öfters tun, und man müsse sich davor im Dorf nachts absichern und die Hunde frei herumlaufen lassen. Sicher ist sicher!

Die Glocke läutete an diesem sonnigen Morgen zum Ostergottesdienst. Kronebergs waren freudig überrascht, daß sich etwa vierzig Personen in der Kirche eingefunden hatten – darunter auch Sonja.

Die Hausbesetzerin saß allein in der letzten Bankreihe und wartete sehnsüchtig darauf, daß die Morgenfeier nun endlich beginne, weil sich etliche neugierige Jalleruper Kirchgänger dauernd nach ihr umschauten. Sonja fühlte sich irgendwie als Fremdkörper. Na ja, sie fiel schon wegen ihrer Kleidung auf – in Röhren-Jeans, mit zerknitterter Strickjacke und weiß-schmuddeligen Tennisschuhen! Die Dörfler dagegen hatten sich mal wieder piekfein in Schale geworfen, wie es sich nach ihrer Meinung nun eben zu einem solchen Anlaß gehörte. Trotz allem, die fremde Kirchgängerin sah frisch aus wie der junge Morgen.

Auch Herr Kroneberg schaute sich vor Beginn des Gottesdienstes einmal zur letzten Bank um, lächelte und zeigte gleichzeitig mit ausgestrecktem Arm seinen Daumen nach oben. Da wußte Sonja Bescheid, und es war ihr vom Gesicht abzulesen, daß sich für sie allein schon deswegen der Gang zum Gottesdienst gelohnt habe. Vielleicht mag es gar aus Dankbarkeit gewesen sein, daß sie unüberhörbar die fröhlichen Osterlieder laut mitsang, was wiederum bedeutete, daß sich einige Jalleruper während des Gesangs erneut umschauten und den Eindruck bekamen, das ‚Aschenbrödel' müßte wohl tatsächlich zu dem ‚frommen Kroneberg-Club' gehören.

Nach Ende des Gottesdienstes wünschte Herr Kroneberg der Sonja ein gesegnetes Fest und stellte ihr seine Familie vor.

„Wir werden am Nachmittag bei unserm Osterspaziergang mal bei euch reinschauen", kündigte er an.

„Weißt du, Bernhard, daß du kein öder Spruchbeutel bist, das haben wir gleich gewußt. Also – alles paletti", verabschiedete sie sich, und ihre Augen, die wie ein Waldsee grünlich schimmerten, strahlten Kroneberg dankbar an.

Frau Kroneberg hatte von der Bäuerin einen kleinen Korb buntgefärbter Hühnereier erstanden und überreichte diesen am Nachmittag den vier jungen Leuten als lieben Ostergruß.

„Whauuuhhh, das ist ja phantastisch! Darüber freuen wir uns aber", sagte Kerstin schwärmerisch. „Womit haben wir das denn verdient?" Sie kickte gleich ein Ei an der Stuhllehne an, pulte es im Zeitlupentempo behutsam ab und ließ die orange gefärbte Schale unachtsam auf den schadhaften, abgetretenen Linoleumfußboden der Küche fallen. Dann mampfte sie es mit einem wahren Heißhunger-Kannibalenappetit genüßlich in sich hinein. „Aber noch mehr freuen wir uns darüber, daß wir wenigstens noch bis zum Umbaubeginn hier 'ne Bleibe haben dürfen. Hoffentlich dauert's noch lange!"

„Das will ich aber absolut nicht hoffen", widersprach Frau Kroneberg. „Wir wären schon froh, wenn es bald mit den Arbeiten losginge. Lieber heut als morgen."

„Leider können wir nicht alle mittrinken", erklärte Kerstin, „weil jeder von uns nur einen Becher hat. – Also: beim Prösterchen! Lassen Sie sich den Tee schmecken! Ist 'ne Ceylon-Mischung. Der ist Spitze!" Das dürre, langhaarige Mädchen reichte der Familie die heißen Getränke.

Herr Kroneberg stellte seinen angesplitterten Steingut-Becher auf der Fensterbank ab und schaute stehend eine Weile nach draußen.

Seine Gedanken gingen auf Wanderschaft. Dann wandte er sich an die jungen Leute: „Daß ihr die Haustür gewaltsam aufgebrochen habt, hab' ich meinen Vorstandskollegen nicht mitgeteilt. Das ist euer Glück! Aber ich leg' euch wärmstens ans Herz, den Schaden gleich nach den Feiertagen zu bereinigen. Ihr sollt auf eure Kosten ein neues Schloß besorgen und einbauen! Einen Schraubendreher müßt ihr euch also auch beschaffen. Und noch was: wenn wir euch schon kein Strom- und Wassergeld bezahlen lassen, so bitte ich doch, reißt nach Ostern im Stallteil die Holzverstrebungen der ehemaligen Kälberboxen raus! Aber nur die mit dem Fußboden verbundenen Abtrennungen, keine tragenden Deckenteile. Wir haben nämlich noch keine Umbaugenehmigung und dürfen vorerst nichts verändern. Das passende Handwerkszeug dafür müßt ihr euch von jemandem im Dorf besorgen, am besten, ihr geht zum Bürgermeister. Sagt ihm dann, ich hätte euch geschickt! Sollte ich ihn jedoch noch treffen, werd' ich selbst darum bitten."

Die vier erklärten sich bereit, in den nächsten Tagen im Stall tätig zu werden.

„Sagt mal, was macht ihr eigentlich beruflich?" wollte Herr Kroneberg nun doch allzugern wissen und bekam nur zögernde Antworten. Sie sprachen vom abgebrochenen Studium, von Arbeits- und Berufslosigkeit.

„Darf ich euch noch zu einem Gruppenfoto bitten! – Kommt mit raus und stellt euch vor die Haustür!" wünschte Kronebergs Tochter. Esther schoß mehrere Aufnahmen.

Auf dem Heimweg zum Knudsenhof schaute Herr Kroneberg kurz beim Bürgermeister rein und machte die Sache mit dem Ausleihen des Handwerkszeugs perfekt.

„Wenn Sie sich verbürgen, daß ich's vollzählig und unbeschädigt wiederbekomme, gern!" erklärte sich Herr Dreeßen einverstanden und verlangte von Kroneberg die Bestätigung von dem, was ihm bereits Bauer Knudsen mitgeteilt hatte.

An dem starkbewölkten Nachmittag des zweiten Ostertages schauten Kronebergs noch einmal bei den jungen Leuten vorbei und wiesen sie eindringlich darauf hin, den ehemaligen Nielsenhof ordentlich zu verwalten und – ‚vor Hausbesetzern zu schützen'!

Das fand ich rührend!

„Geschwister, Sie sehen, daß unser Vorhaben mit vielen unvermeidbaren Zusammenkünften verbunden ist. Ihre Ehepartner sind vielleicht schon verärgert, denn Sie sind in Ihrer Freizeit bald mehr hier im Gemeinderaum als zu Hause. Aber so wird es in der nächsten Zeit wohl auch bleiben, und ich hoffe, Ihre Lieben zeigen dafür Verständnis. Es ist eben erforderlich. Auch das, was ich für heute als Informations- und Beratungspunkte auf die Tagesordnung gesetzt habe, ist wichtig. Vorweg etwas Positives: wir können dankbar sein, daß das Bauernhaus nun unserer Gemeinde gehört. Der Kaufvertrag wurde geschlossen und soweit alles Behördliche erledigt. – Bruder Kroneberg, darf ich Sie nun bitten, uns über die Geschehnisse von der Hausbesetzung zu berichten!" sagte Prediger Hagedorn und eröffnete damit die Vorstandssitzung.

Recht spannend schilderte Herr Kroneberg nun seine Jalleruper Ostererlebnisse und stellte heraus, daß man in die Interimsverwalter volles Vertrauen setzen könne. Er selbst habe keine Zweifel, daß die vier, wie versprochen, arbeiten würden. Im Grunde könne man gar froh sein, daß jemand auf das Haus aufpasse.

Dann meldete sich Architekt Freudenthal zu Wort: „Ja, ich war noch heute vormittag in Jallerup und muß sagen, daß die Leute saubere Vorarbeit geleistet haben. Die schufteten nur so drauf los. Ein Mädchen zog sogar die alten Nägel aus den Brettern und meinte freundlich, die könne man doch wiederverwenden; unsre Gemeinde sei doch nur auf Spenden angewiesen und müsse an allen Ecken und Enden sparen. Das fand ich besonders rührend! – Ich meine, wir sollten das anerkennen, und schlage vor, den Leuten für den kommenden Sonntag ein Mittagessen in dem gemütlichen Dorfgasthaus auszugeben. Einer von uns ruft den Wirt an, und der geht dann am Sonntagmittag zu unsern ‚Verwaltern' und lädt sie in unserem Namen ein. Was meinen Sie, was die für Augen machen werden! Wenn dann jemand von uns wieder nach Jallerup fährt, kann er die offenstehende Summe aus Haushaltmitteln an den Wirt zahlen. Wäre das nicht eine nette Geste von uns?" Herr Freudenthals Vorschlag wurde begeistert angenommen, und Kroneberg erklärte sich bereit, am nächsten Morgen den Gastwirt zu verständigen.

Im Laufe der nächsten halben Stunde berichtete der Architekt, daß er den Bauantrag zur Genehmigung eingereicht habe. Auch sei er beim Bürgermeister gewesen und habe ihn gebeten, sich dafür einzusetzen, daß das Genehmigungsverfahren möglichst schnell über die Bühne laufe. Bürgermeister Dreeßen sicherte zu, er wolle alles daransetzen und sich beim Kreisbauamt persönlich stark machen. Er kenne schließlich die Sachbearbeiter gut.

Dann richtete Herr Freudenthal noch folgendes Anliegen des Gemeinderatsvorsitzenden aus: „Herr Dreeßen erzählte mir, daß es in Jallerup einige jugendliche Arbeitslose gäbe – stramme Jungs! Er möchte, daß sie nicht im Dorf herumstrolchen und womöglich auf dumme Gedanken kämen, sondern was Sinnvolles in ihrer zwangsläufig unangenehmen freien Zeit täten. So läßt er anfragen, ob's nicht möglich wär', diese Bedauernswerten bei unserm Umbau für Handlangerdienste zeitweilig zu beschäftigen."

„Wir werden sehen, was sich machen läßt", äußerte sich Herr Hagedorn. – „Ja, die Umbausache scheint nun akut zu werden, und wir müssen uns bald ernsthaft um freiwillige Helfer bemühen. Wenn wir die Arbeitslosen einsetzen können, zahlen wir selbstverständlich ein kleines Entgelt, aber wir sollten auch die jungen Leute aus unserer Hamburger Gemeinde mobilisieren – dann aber ohne Entlohnung. Zumindest in den Schulferien müßten sich einige für die Mithilfe zur Verfügung stellen."

Architekt Freudenthal erklärte dann anhand von Zeichnungen, daß nichts ins Blaue geplant sei, sondern er habe auch die effektive Nutzung und die zukünftigen Bewirtschaftungs- und Folgekosten berücksichtigt.

Mit dem Hinweis von Vorstandsmitglied Eickstedt, daß das Freizeitheim natürlich ganzjährig in Betrieb sein müsse, weil sich das Unternehmen sonst nicht rentiere, endete die Sitzung.

Das haben die bestimmt gemacht!

„Meine Herren, die Geschehnisse im Ort machten es erforderlich, daß ich Sie zu dieser Gemeinderatssitzung geladen habe", erklärte Bürgermeister Dreeßen vorweg mit ernster Miene. „Da wurde also in den letzten Tagen, nachts muß es passiert sein, im Dorf Unwesen getrieben: die Telefonzelle wurde bös' demoliert, das Bushaltestellenschild hat jemand umgebogen, und bei Familie Freerksen ist die Gartenpforte ausgehakt worden."

„Und ich sag', das waren garantiert die Hausbesetzer!" feuerte Gemeindevertreter Knudsen im Brustton der Überzeugung gleich dazwischen. „Der Kroneberg hat ihnen zwar die Erlaubnis zum vorübergehenden Wohnen gegeben, doch ich hätt' dem Pack nie und nimmer Unterschlupf gewährt. Möglich, daß die noch ihre Genossen nachholen. Die vier sind wohl nur das Vorkommando – ha! Dann wird nämlich aus dem Nielsenhof so'n richtiges Tausendfüßlerhaus – ein Eldorado für Penner! Ich glaub', schon jetzt geht's dort zu wie auf einer Ranch im Wilden Westen. Nee, nee, dies Volk schmeckt mir gar nicht, und ich bin mir sicher, diese Typen haben die Sachen im Dorf angestellt! Mir scheint, in Jallerup ist jetzt alles erlaubt!" Knudsen zog die Augenbrauen hoch, sein Gesicht zeigte spöttische Überlegenheit.

„Nun mal halblang, Hinrich!" mischte sich der Ortsabgeordnete Bäckermeister Struve ein. „Wir können schließlich nichts beweisen, und ich traue den Leuten das auch nicht zu. Als die in meinem Laden waren, machten sie einen netten Eindruck und haben reell bezahlt. Ich kann ihnen nichts Schlechtes nachsagen."

Nach dem erregten Wortwechsel stellte Gemeindevertreter Grothusen den Antrag, auch ohne Einverständnis der christlichen Gemeinde, das Bauernhaus am folgenden Tage durch die Polizei räumen zu lassen, um Schlimmerem vorzubeugen. Mit einer Stimme Mehrheit wurde die Räumung beschlossen. Die Gruppe um Knudsen und Grothusen war eben zu stark, Bürgermeister Dreeßen und Gemeindevertreter Struve kamen nicht dagegen an.

„Die Hamburger Gemeinde hat ja 'ne richtige Herberge geplant – mit über dreißig Betten! Was meint ihr, was das für'n Verkehrsaufkommen im Dorf gibt, wenn die Gäste angereist kommen! Das gibt ein Chaos!" versuchte sich der egoistisch verbohrte Großbauer wieder mit ätzender Kritik Gehör zu verschaffen.

„Halb so schlimm", winkte Struve ab. „Wir sollten uns eher Gedanken machen, wie es mit den Versorgungsleitungen steht! Im Zusammenhang mit dem Freizeitheimumbau müssen wir auf Gemeindekosten ein Stück neue Wasserrohrleitung vom Hauphydranten bis zur Grundstücksgrenze legen lassen."

Es schloß sich eine lebhafte Debatte an, die bis kurz vor Mitternacht dauerte.

Nachdem Knudsen erst wieder an der frischen Luft war, hatte er leichte Stehschwierigkeiten, denn während der Sitzungszeit hatte er sich von Gastwirt Christiansen einen Schnaps nach dem anderen bringen lassen. Als der Angetrunkene durch die Nacht nach Hause torkelte, lallte er vor sich hin: „Ha! Die Bande muß nun endlich raus! Das ist gut – gut ist das!", und höhnischer Triumph leuchtete in seinen Augen.

Dann brennen wir den Laden nieder!

Am nächsten Morgen hielt ein Polizeifahrzeug vor dem ehemaligen Nielsenhof. Zwei Uniformierte und Bürgermeister Dreeßen entstiegen dem grünweißen Wagen. Die Hausbesetzer mußten das gesehen haben und kamen auf den unverhofften Besuch zu.

„Was meldet mir denn da meine Netzhaut!" bemerkte Jürgen und stemmte beide Arme Auskunft erwartend in die Hüften. „Welche Ehre wird uns denn jetzt mit diesem hohen Besuch zuteil?"

„Wir haben eine Räumungsverfügung", sagte der Bürgermeister etwas verschämt. „Meine Damen und Herren, Sie müssen das Haus umgehend verlassen! Die Gemeindevertretung hat's so beschlossen, obwohl – also, ich hab' dagegengestimmt."

Die beiden Beamten standen zwei Schritt hinter Herrn Dreeßen und sagten kein Wort.

„Das kann doch wohl nicht wahr sein – ! Sie wollen uns wohl auf die Schippe nehmen – wie?" reagierte Achim. „Der Bernhard aus Hamburg hat uns fest zugesichert, wir dürfen . . . "

„Das ist richtig! Doch da ist so manches im Dorf geschehen, und einige Ratsvertreter lenken den Verdacht auf Sie. Es wurde nämlich in der Nacht eine Telefonzelle zerstört und noch andre Sachen . . . So was kam bisher nie in Jallerup vor, erst seitdem Sie hier sind", erklärte Herr Dreeßen.

„Und nun glauben Sie, wir hätten . . . ", unterbrach Sonja den Bürgermeister. „Weiß Gott, wer's war", knurrte das hübsche Mädchen, und es klang wie Götz von Berlichingens Gruß. Dann wandte sie sich erregt an ihre Freunde: „Leute, hört, die beschuldigen uns! – Was hat das überhaupt mit unserm Wohnen hier zu tun? Das möchten wir mal wissen! Wir gehen erst, wenn die Umbauarbeiten beginnen – eher nicht! So war's mit Bernhard abgemacht."

„Es nützt nichts! Wir sind angewiesen worden, Sie zum Verlassen des Hauses aufzufordern. Sollten Sie sich weigern, müssen wir Sie leider mit Gewalt vor die Tür setzen. Also – verlassen Sie innerhalb der nächsten Viertelstunde das Haus!" gebot nun der eine Polizeibeamte.

„Das ist echt die größte Gemeinheit! Da hat man uns schuften lassen, daß wir einen Erholungsurlaub auf den Bahamas nötig gehabt hätten – wir haben hier wie irre aufgeräumt, und dann wird man einfach an die Luft gesetzt und soll abschwirren", fluchte Achim. „Wir bleiben!"

„Nehmen Sie doch Vernunft an!" beschwichtigte Herr Dreeßen den Erregten. „Mir tut es ja auch leid. Sie sind so anständig!"

„Hee, Bürgermeisterchen, keine Schmeichelworte! – Allmählich glaub' ich, daß Sie auch dahinterstecken. Geben Sie's doch zu!" schnauzte Kerstin den Ortsobersten an, und ihr Blick hätte einen Expreßzug zum Halten bringen können. Dann wollte sie ins Haus verschwinden.

„Stop, stop, junge Dame – hiergeblieben! – Ich muß Ihre Personalien feststellen. Zeigen Sie uns bitte Ihre Ausweise!" verlangte der Beamte.

Bürgermeister Dreeßen und die Polizisten folgten den jungen Leuten ins Haus, wo sie sich ohne Widerstand identifizieren ließen. Der Ordnungshüter machte Notizen.

„Okay – und nun schnappen Sie sich Ihre persönliche Habe, und dann raus hier!"

„Denkste, du Bulle! Freiwillig spielt sich bei uns nichts ab."

„Soso, das werden wir ja sehen", wurde der Polizeibeamte leicht ärgerlich und faßte Achim fest an den Oberarm.

„Tatsch mich nicht noch mal an, du Schwein!" brüllte Achim.

„Achim, laß, mach' keinen Zoff! Komm, wir hauen ab! Sonst denken die tatsächlich noch, wir wären Schlägertypen oder so was ähnliches", sagte Sonja zu ihrem Mitbesetzer.

„Schon gut, schon gut!" lenkte er ein, packte wie die anderen schwerfällig seine Sachen zusammen und händigte Bürgermeister Dreeßen das geliehene Handwerkszeug aus. Dann verließen sie das Gebäude. Der Bürgermeister ließ sich noch einen Türschlüssel des neuen Schlosses geben und verriegelte.

„Ihr Dreckskerle!" fluchte Achim erneut die Polizisten an, als er vor dem Haus stand. „Mistkerle! Was haben wir getan, ihr Spinner?"

„Mein Herr, ich werde Sie wegen Beamtenbeleidigung anzeigen", prophezeite der Polizist mit Amtsmiene. „Zum Glück habe ich bereits Ihre Personalien."

„Wir halten hier die Hütte in Schuß – und dann so was! Da fällt unsereins also mal wieder drastisch der Ungerechtigkeit zum Opfer. Am besten, wir brennen den Laden nieder", rief er den Ordnungshütern zu. Dann trottete er wie die anderen mit schleppenden Schritten und stillen Verwünschungen vom Gelände.

Nachdem die jungen Leute in Richtung Dorfausgang abmarschiert waren, wandte sich einer der Beamten an den Bürgermeister: „Herr Dreeßen, wir müssen die Äußerung des Mannes sehr ernst nehmen. Solche Typen kriegen es in ihrer Verärgerung tatsächlich fertig und zünden den Hof an. Vielleicht kommen die in der Nacht wieder und machen die Drohung wahr. Deshalb werden wir auf unseren Streifenfahrten hier öfters vorbeikommen und schauen. Kontrollieren auch Sie bitte hin und wieder das Haus, Sie haben ja den Schlüssel! Und noch was: verständigen Sie die Eigentümer! Sie kennen doch den . . ., na, wie sagten die jungen Leute – den Bernhard." Dann fuhren die Vollzugskräfte zu ihrer Dienststelle in die Nachbargemeinde zurück.

Bürgermeister Dreeßen tat der Rausschmiß irgendwie leid, aber wegen der Drohung war er doch äußerst beunruhigt. „Erst engagieren sich diese Menschen so vorbildlich für den Erhalt des Gebäudes – und dann wollen sie das Gegenteil! Absurde Vorstellungen haben die! Unverständlich, völlig unverständlich!" machte er sich Gedanken.

Genehmigung mit Auflagen

Kurz vor dem Pfingstfest wurde der Um- und Ausbau von der Kreisbaubehörde und vom Denkmalschutzamt genehmigt. Dieser schnelle Behördendurchgang war recht ungewöhnlich, doch das zeugte davon, daß sich Bürgermeister Dreeßen sehr dahintergeklemmt und seinen Einfluß geltend gemacht hatte.

Im großen und ganzen konnten die Arbeiten nun so durchgeführt werden, wie es Architekt Freudenthal vorgesehen und wie es der Vorstand beschlossen hatte. Von den öffentlichen Dienststellen wurden jedoch folgende Auflagen gemacht: Das Dach durfte nicht mit Ziegeln oder einem anderen Hartmaterial gedeckt werden, sondern die Schadstellen mußten mit ebenbürtigem Material ausgebessert werden. – Zwar erhöhten sich dann die Folgekosten für die Feuerversicherung entsprechend, aber erst einmal verringerte sich der eingeplante Ausgabenansatz für die Dachrenovierung. Das beruhigte die Bauherren ein wenig, denn die Gesamtumbaukosten lagen dadurch niedriger, als kalkuliert wurde.

Weitere Nebenbestimmungen besagten, daß auf dem Hofgelände ausreichend Einstellplätze für parkende Fahrzeuge zu erstellen wären, daß im Inneren des Hauses die kunstvoll bemalten Küchenfliesen, Zimmertüren und die beschnitzten Wandschranktüren auf keinen Fall entfernt oder beschädigt werden durften und daß die neu zu schaffenden Fensteröffnungen nicht größer als die bisher im Gebäude üblichen sein durften.

Gute Fortschritte

Architekt Freudenthal hatte sich um sämtliche Vergabearbeiten gekümmert und den günstigsten Unternehmen die Aufträge erteilt. So konnte in der Woche nach Pfingsten gleich mit den Umbauarbeiten begonnen werden.

Eine der noch wenigen im Lande existierenden Reetdachdeckereien besserte die schadhafte Gebäudeabdeckung aus, und die Handwerker einer Klempnerfirma legten Wasserver- und entsorgungsleitungen.

An Freitagabenden kamen für Jallerups Verkehrsaufkommen wahre Invasionen von Fahrzeugen, bis zu sechs Personenwagen mit Hamburger Kennzeichen, in den Ort gerollt. Prediger Hagedorns Aufruf zur Eigenleistung hatte gefruchtet. Vorwiegend junge Männer hatten sich angeboten, zusammen mit zwei arbeitslosen Jalleruper Jugendlichen den ganzen Samstag über beim Umbau zu helfen. Es waren sämtliche Berufssparten vertreten: Maler – Herr Kroneberg selbst, Maurer, Elektriker und Tischler.

Einige freiwillige Helfer hatten sich Bettzeug mitgebracht und legten sich für die eine Nacht in die Alkoven, andere kuschelten sich in ihre dicken Schlafsäcke ein und schliefen auf dem Holzfußboden. Kamen komplette Familien für den Samstags-Arbeitseinsatz schon am Tag zuvor nach Jallerup, dann bezogen sie bei Bauer Knudsen die noch nicht an Feriengäste vermieteten Fremdenzimmer. Diese außerplanmäßige Einnahmequelle ließ sich Knudsen gefallen und stand deshalb im Grunde den ‚frommen Hamburgern' auch nicht mehr ganz so abgeneigt gegenüber.

Zu besonders niedrigen Preisen konnte Baumaterial beschafft werden, und nach einigen Wochenendeinsätzen hatten die fleißigen Helfer die einzelnen Gästezimmer im ehemaligen Stallteil erstellt. Sämtliche Maurerarbeiten wurden durch eigene Kräfte ausgeführt. Von Wochenende zu Wochenende nahm der Ausbau immer mehr Gestalt an. An den Werktagen leisteten die beauftragten Firmen, die Installateure und Elektriker, gute und schnelle Arbeit.

In der Zwischenzeit war es Sommer geworden, und die letzten Grobarbeiten gingen ihrem Ende zu.

Frau Ennslin traf man nun auch öfters im zukünftigen Freizeitheim an. Sie war für das Beschaffen der Inneneinrichtung verantwortlich, hatte sich vorwiegend um Möbel, Gebrauchsgegenstände und Dekorationen zu kümmern. Kurz vor der großen Urlaubs- und Ferienzeit nahm sie von allen Fenstern Maß, damit die Damen des christlichen Frauenkreises die entsprechenden Gardinen und Vorhänge nähen konnten.

Mittlerweile mußten schon erhebliche Rechnungssummen für Materialien und Unternehmerleistungen gezahlt werden, doch es gingen auch wider Erwarten hohe Spendenbeträge ein. Noch bewegte sich alles im Rahmen der Finanzplanung, und man war dankbar, daß bisher keine größeren Schwierigkeiten aufgetreten waren.

Einbrecher im Freizeitheim

Nachdem die beauftragten Firmen ihre Arbeiten ausgeführt hatten, Gemeindeglieder aus Hamburg lediglich übers Wochenende nach Jallerup kamen und Bürgermeister Dreeßen nur hin und wieder ins künftige Freizeitheim hineinschaute, blieb es die anderen Tage über unbeaufsichtigt.

Als Herr Eickstedt an einem Freitagabend als erster Wochenendhelfer auf dem Hof eintraf, stellte er zu seinem Entsetzen fest, daß jemand die Küchenfensterscheibe eingeschlagen und sich Zugang zum Inneren verschafft hatte. Beim aufmerksamen Rundgang durchs Gebäude bemerkte er, der oder die Einbrecher hatten zwei beschnitzte Wandschranktüren ausgehakt und entwendet. Der Einbruchsdiebstahl wurde dann sofort der Polizei im Nachbarort gemeldet. Bürgermeister Dreeßen konnte sich das alles nicht erklären und posaunte dieses rätselhafte Vorkommnis noch am gleichen Abend in Christiansens Dorfkrug herum, in dem sich auch Bauer Knudsen zum Kartenspielen aufhielt.

„Und ich hab's dir gleich gesagt, Friedrich, die Hausbesetzer kommen noch mal wieder zurück", versuchte sich Knudsen zu bestätigen. Man merkte ihm an, daß diese Mitteilung ein gefundenes Fressen für ihn war. Seine Prognose schien aufs Haar genau eingetroffen, doch Dreeßens Überlegungen mögen richtiger gewesen sein: Sicherlich hätten die jungen Leute nicht die Scheibe einzuschlagen brauchen, um durchs Fenster ins Gebäude zu gelangen, denn sie besaßen ja noch einen Schlüssel für die Haustür! Von dem neuen Schloß hatten sie nämlich nur einen ausgehändigt. Herr Kroneberg ließ später fünf Nachschlüssel anfertigen. Bürgermeister Dreeßen, Prediger Hagedorn, Herr Eickstedt und Kroneberg selbst waren demnach im Besitz eines Hauseingangsschlüssels. - Dreeßen lenkte nicht den Verdacht auf die Hausbesetzer; für Bauer Knudsen waren sie es hundertprozentig.

„Den Dieben müßte man die Finger abhacken! Was wollen die überhaupt mit den Türen? Die passen doch woanders nicht haargenau rein. - Na, sollte ich die Schurken jemals erwischen, dann können die sich auf was gefaßt machen! Die schlag ich ungespitzt in die Erde. Zum Glück hab' ich auf meinem Hof 'nen Hund – unsern Rex!", drohte Knudsen haßerfüllt den unbekannten Tätern an.

Die sorgfältig durchgeführte Spurensicherung der Polizei ergab nichts. Da den Bauherren zur Auflage gemacht worden war, daß die kostbaren Türen unter keinen Umständen entfernt, ja, nicht einmal beschädigt werden durften, ließ sich eine Mitteilung an die Denkmalschutzbehörde nicht vermeiden.

Ja, ja – ich war's!

Herr Kroneberg hatte Ute Knudsen etwa einhundert Rundbriefe der christlichen Gemeinde ausgehändigt, in denen neben dem biblischen Wort auch Berichte über das Freizeitheim zu lesen waren. Nun marschierte die gläubige Bauerntochter durch Jallerup und verteilte die Informationsblätter. Dabei erlebte sie meist negative Reaktionen der Dorfbewohner, vor allem dann, wenn bereits beim Übergeben die eingelegte blaue Zahlkarte hervorrutschte. Daß Beträge von Jallerupern auf das Spendenkonto ‚Ausbauhilfe Freizeitheim' eingehen würden, war sowieso nicht zu erwarten. Die kleine Schrift sollte auch mehr der Aufklärung über die zukünftige Nutzung des Heimes dienen.

Als Utes Vater von ihrer Verteiltour erfuhr, machte er sie zur Schnecke: „Was sollen nur die Leute im Dorf denken? Jetzt bettelst auch du schon für den frommen Verein! Du blamierst unsre ganze Familie!"

Sogar Pastor Jansen ‚bettelte'. An einem Sonntag im Juni hatte er die Kollekte für das Freizeitheim bestimmt. Der Pfarrer war überrascht, als er den Inhalt des Klingelbeutels zählte: 27,44 Mark! Und das von vierzehn Gottesdienstbesuchern! Gewöhnlich kamen an einem solchen normalen Sonntag von etwa der gleichen Schar knapp fünfzehn Mark zusammen. Sie hatten also ‚tief' in die Tasche gegriffen!

Eines Frühsommerabends saß Bauer Knudsens achtzehnjähriger Sohn mit einigen Gleichaltrigen in Christiansens Gastwirtschaft beim Bier. Die jungen Männer unterhielten sich recht lautstark über das in der Feldmark veranstaltete Johannisfeuer von letzter Woche.

„Jungs, das war vielleicht ein Feuerchen – was! Das war der absolute Hammer! Und ich dacht' schon, nach 'ner halben Stunde glimmt der Stoß nur noch, aber dann kamst du ja mit den Türen", sagte ein junger Bursche lobend zu Fritjof Knudsen. „Die Dinger haben wenigstens wie Zunder gebrannt. War ja auch schönes, trokkenes Holz – wohl paar hundert Jährchen alt, schätz' ich."

Christiansen hatte die Gespräche seiner Gäste mitgehört, und nachdem die Dorfjugend seinen Krug verlassen hatte, eilte er flugs ans Telefon und verständigte Bürgermeister Dreeßen. Dieser machte sich noch zur späten Abendstunde auf den Weg zu Knudsens.

Bauer Knudsen traf diese Kunde wie ein Keulenschlag. Er ging nicht eher ins Bett, bis sein Sohn gegen Mitternacht von seiner Cliquentour zurückkehrte, und knüpfte sich den ‚Helden' vor: „Freundchen, hast du mir gar nichts zu sagen?" empfing er seinen Stammhalter und betrachtete ihn mit einem langen Blick unter flatternden Augenlidern. „Warst du's oder nicht? – Hast du in Kronebergs Freizeitheim eingebrochen und die Türen geklaut? Na los, raus mit der Sprache? – Oh, mein Herr Sohn, dich sollte man nach Strich und Faden vertrimmen!"

Fritjof, der leicht angetrunken war, brüllte seinen Vater an: „Ja, ja – ich war's! Muß wohl ziemlich knille gewesen sein. Aber wir brauchten noch dringend Brennmaterial fürs Feuer, und dann hab' ich einfach . . ."

„Hast du denn auch – so einfach – die Telefonzelle demoliert und noch andre Sachen im Dorf angestellt?"

„Na und –! Da war ich auch bei", gestand Fritjof ein und zog ein motziges Gesicht. „Dann hab' ich eben mal Mist gebaut, aber die Sache ist ja schon vergessen, und außer meinen Freunden weiß im Dorf keiner davon."

„Du hast sie wohl nicht alle! Von wegen – vergessen! Deine früheren Untaten im Dorf sind schon so bekannt wie Coca-Cola. Du bist ein Rowdy sondergleichen, der beinahe von Jallerup bis Honolulu zum Begriff geworden ist. Was hast du jetzt bloß wieder für Sachen angestellt!"

Knudsen vibrierte mit den Nasenflügeln und schaute seinen Sohn mit einem äußerst ernsten Blick an, wurde dann aber etwas ruhiger und versprach, die Geschichte mit der Telefonzelle für sich zu behalten. Der Einbruch ins Freizeitheim allein sei schon schlimm genug.

Am nächsten Morgen suchte Herr Knudsen den Bürgermeister auf. Man besprach noch einmal die Einbruchs- und Diebstahlsangelegenheit und ging dann zu Gastwirt Christiansen. Die Männer einigten sich darauf, der christlichen Gemeinde den Täter zu nennen und sie zu bitten, den Bauernsohn bei der Polizei nicht anzuzeigen. Dem Freizeitheim gegenüber müsse Fritjof für den Schaden selbstverständlich aufkommen. Ein gleichwerter Ersatz sei zwar nicht möglich, und der Geldeswert könne nicht mehr festgestellt werden, doch ein finanzieller Ausgleich sei unbedingt zu leisten.

Als der Bürgermeister mit Knudsen allein war, fragte er: „Na, Hinrich, wann willst du denn dem Dieb die Finger abhacken? Tut es dir gar nicht leid, deinen eignen Sohn verstümmeln zu müssen? – Und du warst dir doch so sicher, die Hausbesetzer seien es gewesen. Daß sie's nicht waren, wußte ich gleich!"

„Fritjof bringt das schon in Ordnung. Der verflixte Kerl! Wenn es wenigstens kein großes Gerede im Dorf gibt und Fritjofs Freunde auch in Zukunft die Klappe halten", wünschte der Bauer.

Das Fehlen der wertvollen Türen war zwar sehr zu bedauern, aber die Hamburger Gemeinde sah tatsächlich davon ab, Fritjof Knudsen der Polizei und der Denkmalschutzbehörde als Täter zu melden. Jedoch forderte sie den Einbrecher auf, den Betrag für die inzwischen erneuerte Scheibe zu zahlen, und verurteilte ihn dazu, gelegentlich beim Herrichten der Außenanlagen mitzuhelfen. Fritjof sollte in seiner Freizeit eine Rasenfläche anlegen und einen Platz für eine Spielecke ebnen.

Bauer Knudsen sagte zu seiner Frau: „Henriette, die von der christlichen Gemeinde sind eigentlich doch ganz nette Menschen! Obwohl sie wissen, daß unser Sohn den Einbruch und Diebstahl begangen hat, wollen sie ihn nicht anzeigen. Alle Achtung! Die Leute gefallen mir! Was gäb's sonst für ein Gerede im Dorf – und auch mein Ruf wär' dahin."

Das Freizeitheim muß einen Namen haben!

Es war die letzte Vorstandssitzung vor der Sommerferien- und Urlaubszeit.

„In den nächsten Tagen werden Familie Kroneberg und einige aus unserer Gemeinde nach Jallerup fahren, um dort ihren Urlaub, beziehungsweise ihre Ferien zu verleben – wenn man arbeiten als Erholungszeit bezeichnen kann! – Ja, noch heißt es, fleißig Hand anzulegen. Es gibt noch viel zu tun, und es ist eine Freude, zu sehen, wie unser Heim der Vollendung entgegengeht", sagte Prediger Hagedorn und eröffnete die Sitzung. Dann berichtete er kurz über das gewaltsame Eindringen ins Freizeithaus und erteilte Rechnungsführer Dallmeyer zum Bericht über die Finanzlage das Wort.

Dallmeyer legte dar, welche Unternehmer- und Materialrechnungen inzwischen beglichen wurden, daß Spendenzusagen vorlagen und daß viele Gemeindeglieder auch Sachwerte geben wollten, so zum Beispiel: Stühle, einen gebrauchten Filmprojektor, eine Menge Geschirr, Bestecke, Bücher, einen Teppich, Kinderspiele und sogar einen betagten Kleinbus.

„Ich bin sicher, daß Gott uns beim Aufbringen des Geldes nicht allein lassen wird. Er kann viele bereitmachen, sich durch Spenden am Vorhaben zu beteiligen", meinte Herr Dallmeyer hoffnungsvoll.

„Unser Freizeitheim muß einen Namen bekommen!" regte Herr Westernhagen an. „Ich habe mir bereits Gedanken gemacht und schlage vor, es ‚Maranatha' zu nennen! – Geschwister, wir sind doch das gesegnete Geschlecht, das so ganz dicht vor den Ereignissen steht, die uns in der Offenbarung geschildert werden, und die Zeichen der Zeit verraten es: Jesus kommt bald! Möchte er uns bereit und wachend finden, damit wir alle mit ihm eingehen dürfen in die herrliche Stadt, deren Gründer und Baumeister Gott selbst ist! Wir wollen jederzeit sagen können: Amen, komm, Herr Jesus! Maranatha! – Auch alle Menschen, die in unserem Freizeitheim verkehren werden, sollten freudig in dieser Erwartung stehen. Und sind sie im Glauben noch nicht soweit, dann ist es auch hier die Aufgabe, diese Besucher darauf zuzurüsten. Also – ich schlage ‚Maranatha' vor." Einstimmig wurde diese Namensgebung beschlossen.

„Wir kommen nun zu einem wichtigen Tagesordnungspunkt, denn allmählich müssen wir uns um Personal bemühen. Benötigt werden ein Heimleiterehepaar und eine ausgebildete Person für die Küche. Unser Haus braucht Menschen, die willig sind, sich für diesen nicht ganz einfachen und doch segensreichen Dienst Gott zur Verfügung zu stellen. Das seelsorgerische Personal, Gruppen- und Seminarleiter, wird jeweils zu den entsprechenden Tagungen und Freizeiten angeworben oder mitgebracht. Heute geht es ganz allein um die Haus- und Verwaltungskräfte", erklärte Herr Hagedorn.

„Ich bin dafür, daß wir die Stellen in verschiedenen christlichen Zeitschriften ausschreiben. Die Anzeigen werde ich entwerfen", bot sich Westernhagen an.

Herr Kroneberg meldete sich zu Wort: „Es ist richtig! Wir sollten die Stellen ausschreiben, doch ich möchte Ihnen ergänzend hierzu einen Vorschlag machen: Meine Familie hat letztes Jahr in Jallerup das ältere Ehepaar Birkhahn aus dem Ruhrgebiet kennengelernt. Noch während unsres Ferienaufenthalts entschied sich Frau Birkhahn für Jesus Christus. Ihr Gatte fand vor etwa einem halben Jahr auch zum festen Glauben an unsern Herrn. – Geschwister, die Birkhahns haben das Friesendörfchen sehr liebgewonnen und erzählten mir, daß sie gern dort leben möchten. Das wäre die Gelegenheit. – Lassen Sie uns bei Birkhahns anfragen, ob sie die Heimleiterstelle eventuell annehmen würden!"

„Wie alt sind die Leute, und was macht der Mann beruflich?" wollte Frau Ennslin wissen.

„Darüber kann ich Ihnen keine genaue Auskunft geben, doch Birkhahns sind noch recht beweglich. Von einem schlechten Gesundheitszustand ist mir nichts bekannt. Sie hätten es uns sonst geschrieben. – Herr Birkhahn ist Pensionär, war irgendwo in der Verwaltung beschäftigt und scheint meines Erachtens eigentlich der richtige Mann für diesen Posten zu sein: für den Schriftkram und die Buchführung. Handwerkliches Geschick hat er auch. Ich denke nur daran, wie wir Knudsens Kuhstall tünchten!"

„Gut, geben Sie uns bitte die Adresse! Dann werden wir dem Ehepaar den Ausschreibungstext zuschicken", erklärte sich der Prediger einverstanden und dachte sich im stillen: Der Kroneberg hat mal wieder so einen genialen Einfall wie damals mit dem Foto vom Nielsenhof! „Die Stelle für die gelernte Köchin werden wir am besten in dem nordfriesischen Kreisblatt ausschreiben. Es wäre uns doch nur recht, wenn diese Bedienstete aus Jallerup oder aus der Nachbargegend käme, weil wir für sie keine Dienstwohnung bereitstellen können."

„Meinen Sie, wir kommen mit dem eingeplanten Personal aus?" wollte Frau Jacobi wissen. „Ich glaube es nicht und möchte anregen, einen Zivildienstleistenden anzuwerben – so einen Kriegsdienstverweigerer."

„Vielleicht später, Frau Jacobi. Erst einmal müssen wir sehen, ob unser vorgesehenes Personal genügt. Auf alle Fälle sind die Anzeigen schnellstens aufzugeben. Das werde ich morgen erledigen", versprach Herr Westernhagen.

Heimleiterehepaar gesucht!

Einige Tage später erhielt das Ehepaar Birkhahn von der christlichen Gemeinde einen Brief. Frau Birkhahn entnahm dem Umschlag folgenden maschinengeschriebenen Text: „Für unser Freizeitheim ‚Maranatha' in Jallerup suchen wir ein engagiertes vielseitiges Heimleiterehepaar ab etwa Anfang Oktober.

Unser in Nordfriesland, vier Kilometer von der Nordsee entfernt gelegenes Haus hat eine Kapazität von 32 Betten. – Wir erwarten Bewerber, die nicht nur die Fähigkeit zur notwendigen wirtschaftlichen Führung besitzen, sondern bereit sind, Hausgäste und Freizeitgruppen zu betreuen. Die missionarische Ausrichtung unseres Freizeithauses setzt eine konsequente Nachfolge Jesu des Heimleiterehepaares als gegeben voraus.

Für die Heimleiterfamilie steht eine kostenlose Wohnung zur Verfügung.

Bewerber wenden sich bitte an den Vorstand!"

Die Eheleute dachten über das Angebot in den nächsten Tagen reichlich nach und erkannten darin nur Vorteile: Sie bräuchten keine Miete zu zahlen, hätten Kontakt mit gläubigen Menschen und würden in ihrem geliebten Jallerup wohnen. Auch gesundheitlich muteten sie sich das zu und beschlossen, sich um diese Stelle zu bewerben.

Gebt, so wird euch gegeben!

Kronebergs lösten ihr Versprechen ein und verbrachten ihren Urlaub, wenn auch durch andere Umstände bedingt, in Jallerup. Mit fünf Hamburger Gemeindegliedern hatten sie bereits im Freizeitheim provisorisch Unterkunft genommen. Die beiden Kroneberg-Kinder wohnten während dieser Zeit auf dem Knudsenhof und nutzten damit den im letzten Jahr von der politischen Gemeinde Jallerup spendierten kostenlosen Ferienaufenthalt. Doch eigentlich waren Esther und Adrian nur zum Essen und Schlafen bei Knudsens, ansonsten verstand es sich, daß das Freizeitheim ihr Jalleruper Zuhause war.

Im Haus wurde mit Ameisenfleiß und Feuereifer gearbeitet. Vorwiegend war man jetzt mit Maler- und Tapezierarbeiten beschäftigt. Klar, daß Vater Kroneberg da die Regie an sich gerissen hatte, kam er doch aus dem Handwerk. Zwei jugendliche Arbeitslose, die Bürgermeister Dreeßen vermittelt hatte, strichen die neuen Heizkörper, die anderen tapezierten die Wände und malten die Zimmerdecken. Das ging gehörig in die Arme, und den Helfern wurde jetzt erst recht bewußt, wie viele Räume doch das Haus hatte: die Gästeunterkünfte, Aufenthalts- und Wirtschaftsräume, die Heimleiterwohnung und sämtliche Naßzellen.

Nach getaner Tagesarbeit fühlten sich die Bauhelfer nicht selten schlapp wie eine alte Semmel. Doch trotz der harten Arbeit und müden Knochen nahmen Kronebergs und die anderen in Jallerup weilenden Hamburger Gemeindeleute am Donnerstagabend an Pastor Jansens Bibelstunde teil. Der Geistliche zeigte dann auch volles Verständnis, wenn diesen oder jenen während des Beisammenseins die Müdigkeit übermannte.

Der Pfarrer hatte einmal eigens für die Gäste die Bibelstelle Psalm 26,8 zum Thema gewählt und die Betrachtung auf das künftige christliche Heim ausgerichtet: ‚Herr, ich habe lieb die Stätte deines Hauses und den Ort, da deine Ehre wohnt.' Er stellte heraus, daß der Sänger dieses Psalms das tiefe Verlangen hatte, schon hier auf Erden im Gotteshaus und in den Versammlungen der Gläubigen seinen Platz zu haben und dort mitzusingen und zu verkündigen. Auch das Freizeitheim solle ein Haus Gottes als ein Ort seiner Ehre sein. Und auch hier dürfe man seine Not aussprechen, um Rechtsbeistand bitten, und man werde sicherlich darin bestärkt, nach Gottes Weisungen zu leben. So ein Ort, wo Gottes Geist wohnt und wo nach Gottes Wort gehandelt wird, solle vor allen anderen der liebste sein.

An den ersten beiden Tagen des achtzehntägigen Urlaubs-Arbeitsaufenthaltes hatte sich Herr Kroneberg nicht einmal die Zeit genommen, um sich zu rasieren. Das fiel nun seiner Tochter auf, weil sie es von ihrem Vater nicht gewohnt war.

„Hee, Paps! Läßt du dir 'nen Bart stehen?" machte sich die Sechzehnjährige scheinbar etwas lustig und strich mit ihrer Hand sanft über das schwarze Stoppelfeld am Kinn. „Find' ich schick. Steht dir gut. Laß ihn ruhig wachsen! Bitte, bitte!"

„Was würde deine Mutter dazu sagen, wenn ich . . .?"

„Ach was, Mama hat bestimmt nichts dagegen, das weiß ich. Die mag dich so und so. – Ich möcht' mal 'nen Vater mit Bart – bitte, tu mir den Gefallen!"

„Na gut, aber nach dem Urlaub kommt er ab!" erklärte sich ihr Vater einverstanden.

Daheim in der Hamburger Gemeinde, die jetzt während der Urlaubs- und Ferienzeit ziemlich gelichtet schien, war man auch nicht untätig. Der ehrenamtliche Rechnungsführer machte sich beim Durchsehen der Kontoauszüge arge Gedanken; die Spendenfreudigkeit hatte sehr nachgelassen. Aus dem Freundeskreis gingen nur spärliche Beträge ein. Das schlimmste an der momentanen Finanzlage aber war, daß die letzten Abschlagsrechnungen für die Zentralheizungsfirma und für das Klempnerunternehmen fällig wurden. Man würde wohl nicht darum herumkommen, demnächst ein neues Darlehen aufzunehmen, um alles ohne Verzug bezahlen, die Innenausstattung beschaffen und die Kredittilgungsrate leisten zu können. Herr Dallmeyer freute sich jedoch, daß sogar einige Jalleruper Bürger per Zahlkarte aus den von Ute Knudsen verteilten Informationsblättern ein Scherflein überwiesen hatten.

„Es sieht schlecht aus, und deshalb sollten sich unsre Gemeindeglieder erneut vom Herrn angeregt fühlen, durch nochmalige Spenden mitzuhelfen", klagte Herr Dallmeyer dem Prediger. „Wir müssen zum Herrn flehen und einen Dank- und Bittgottesdienst abhalten!"

„Ja, Bruder Dallmeyer, der kommende Sonntag soll verstärkt im Zeichen des Dankens und Bittens stehen. Ich werde meine Andacht danach ausrichten und eine Gebetsversammlung ansetzen", versprach Herr Hagedorn.

Am Sonntagmorgen. Die Gemeinde sang eingangs: ‚Sei Lob und Ehr dem höchsten Gut'. Dann trat Prediger Hagedorn ans Rednerpult.

Er dankte Gott für die große Hilfe beim Erwerb und Ausbau des Bauernhauses und berichtete von der bisher großzügigen Unterstützung in finanzieller Hinsicht durch die persönlichen Einsätze und Gebete. In seiner Ansprache ging er auch darauf ein, daß das Freizeitheim ein Haus Gottes werden solle und daß alle Gemeindeglieder die Verantwortung trügen, am Aufbau des Hauses zur Ehre Gottes mitzuhelfen. Leider lasse sich in unseren Tagen ohne Geld nun mal in diesem Falle nichts durchführen, und er müsse daher nochmals um Spenden bitten.

„Liebe Gemeindeglieder! Wohl dem, der begriffen hat: Geben ist seliger denn Nehmen. Ja, Jesus hat recht, wenn er behauptet: Wo euer Schatz ist, da ist auch euer Herz. – Wer es gelernt hat, alle irdischen Schätze als nebensächlich und zweitrangig zu betrachten und sein Geld im Reich Gottes zu investieren, der wird bald die Wahrheit der Worte Jesu herausfinden: Gebt, so wird euch gegeben (Lukas 6,38), nicht unbedingt weltliche Güter, sondern viel häufiger die unvergänglichen Früchte des Geistes wie Liebe, Friede und Freude und nach diesem Leben die ewige Herrlichkeit (Matthäus 19,21)." Damit schloß er seine Predigt.

Gebetsanliegen in der anschließenden Gemeinschaft waren Lob und Dank für Gottes Führungen und Fürsorge, Bewahrung vor Unfällen bei den Arbeiten am Bau, für jeden Mitarbeiter, daß man günstig Material kaufen konnte, und man dankte Gott besonders dafür, daß es gelungen war, in Birkhahns ein gläubiges Heimleiterehepaar zu finden. Das Ehepaar hatte sich nämlich als einziges beworben und durch einstimmigen Vorstandsbeschluß diese verantwortungsvolle Stelle erhalten.

Nachdem Birkhahns die Zusage hatten, kamen sie für einige Tage nach Jallerup, besichtigten ihr zukünftiges Zuhause und legten mit Hand an. Sie waren hellauf begeistert und von ganzem Herzen dankbar.

Zuschüsse für das Freizeitheim

In der Jalleruper Ratsversammlung teilte Bürgermeister Dreeßen mit, daß der Landkreis zur Finanzierung des Freizeitheimes eine beachtliche Zuwendung geleistet habe, weil er in dieser Einrichtung eine gewisse Gemeinnützigkeit sähe. Nun dürfe die politische Gemeinde Jallerup nicht nachstehen und müsse eigentlich auch einen Zuschuß aufbringen.

Nach turbulenter Debatte beschloß die Ortsvertretung bei zwei Stimmenthaltungen, am Tage der Einweihungsfeier einen Scheck in Höhe von fünftausend Mark zu übergeben, obwohl diese Entnahme in den ohnehin nicht üppigen Haushalt eine erhebliche Lücke reißen würde.

Auch der Jalleruper Kirchenvorstand hatte inzwischen getagt und sich bereit erklärt, einen zweckgebundenen Zuschuß für den Möbelkauf zu gewähren.

Im Presbyterium gab Pastor Jansen bekannt, daß ein Gemeindeabend, wie er im letzten Jahr mit Hilfe der Familie Kroneberg durchgeführt wurde, leider nicht stattfinden werde. Dafür lüde die christliche Gemeinde aber alle Jalleruper im Herbst zur Einweihungsfeier des Freizeitheimes ein. Außerdem erinnerte der Pfarrer seine Kirchenvorsteher noch einmal daran, daß er im Frühjahr des nächsten Jahres aus Altersgründen in den Ruhestand trete und sie sich um einen Nachfolger für ihn bemühen müßten. Im Grunde freue er sich schon jetzt auf seine Pensionierung, denn er werde in Jallerup wohnen bleiben und beabsichtige, dann ehrenamtlich im Freizeitheim mitzuarbeiten.

Alles in Ordnung!

An einem warmen Tag im August hatte sich der krummbeinige Jalleruper Landwirt Nis Steenbuck mit seinem Traktorgespann absichtlich quer vor die Hofauffahrt des Freizeitheimes gestellt und täuschte einen Motorschaden vor.

Seit einigen Tagen rollten nämlich Lastwagen durchs Dorf und kippten beim ehemaligen Nielsenhof Muttererde und Kies für das Herrichten der Außenanlagen ab. Steenbuck mußte sich schrecklich geärgert haben, daß die Bauherren nicht von ihm das Lockersediment bezogen, besaß er doch eine eigene Kiesgrube im Dorf. Der hinreichend sture Landwirt blockierte die Zufahrt so lange, bis Bürgermeister Dreeßen gerufen wurde und den Störer letzten Endes doch überreden konnte, sein kindisches Trotzverhalten aufzugeben.

Architekt Freudenthal führte die beiden Herren vom Kreisbauamt durch das ganze Gebäude. Die Amtspersonen falteten geschäftig Bauzeichnungen und Statiken auseinander, schauten prüfend in die Papiere, verglichen, maßen, schritten in den Räumen auf und ab, unterzeichneten nach der Prozedur den gelben Bauabnahmeschein und sagten endlich, so daß es für Herrn Freudenthal wie Musik in den Ohren klang: „Alles in Ordnung!"

An so vieles ist zu denken

Frau Feddersen, eine Bürgerin aus Jallerups Nachbargemeinde, hatte sich als Köchin für das Freizeitheim beworben. Die Sechsundvierzigjährige konnte die erforderlichen Berufsunterlagen vorweisen und machte beim Einstellungsgespräch, das Frau Ennslin mit ihr in Jallerup führte, einen netten, aufgeschlossenen Eindruck. Daraufhin wurde die Bewerberin mit Wirkung des noch nicht genau feststehenden Betriebsbeginns eingestellt.

Der Herr hatte viele Gemeindeglieder zum Geben willig gemacht. Das Spendenbarometer war wieder angestiegen, und beachtliche, nicht einkalkulierte Summen von einer karitativen Stelle, vom Heimatverein und Kulturbund gingen auch aufs Konto ein. Mit dieser erfreulichen Mitteilung begrüßte Prediger Hagedorn die Vorstandsangehörigen zur ersten Sitzung nach der Urlaubszeit.

Dann sprach Herr Dallmeyer: „Wir konnten mittlerweile die letzten Unternehmerforderungen begleichen, die ersten Einrichtungsgegenstände sind angeliefert und bezahlt worden, und wir haben schon einen Fonds für Vergütungszahlungen angelegt. Die veranschlagten Gesamtkosten wurden bisher geringfügig überschritten, konnten jedoch wegen des hohen Spendeneingangs und der Zuweisungen aufgefangen werden. Ich möchte noch einmal betonen, daß wir durch die enormen Eigenleistungen erhebliche Gelder eingespart haben und daß uns zur Zeit, ziehe ich bereits die demnächst fällige Darlehenstilgungsrate ab, ein Guthaben von 33.590 Mark bleibt. Von diesem Betrag sind noch einige Einrichtungsgegenstände zu bezahlen, die ersten Personalkosten zu bestreiten und die Ausgaben für unsre Einweihungsfeier zu tätigen. Apropos Einweihungsfeier –: aber dazu will uns Bruder Kroneberg etwas erzählen."

„Ja, wir vom Ausschuß haben uns auch schon darüber die Köpfe zerbrochen. Es muß schließlich an so vieles gedacht werden. Ich führe kurz mal ein paar Punkte an", sagte Herr Kroneberg und legte sich seinen Notizzettel bereit. Dann las er stichwortartig vor und machte einige Ausführungen: „An welche Personen schicken wir schriftliche Einladungen? Wir müssen ein abwechslungsreiches Programm bieten – für alt und jung gleichermaßen ansprechend! Soll die Einweihungsfeier, wie wir es uns gedacht haben, von Freitagabend bis Sonntagabend dauern? Wer sind die Festredner? Wir haben die Jalleruper Feuerwehrkapelle mit einzubeziehen! Ein Kindertag als Nebenbeiprogramm ist zu veranstalten! Hierzu müßten sich unsre Jugendlichen etwas einfallen lassen und Vorbereitungen treffen! Der Samstag soll als ‚Tag der offenen Tür‘ veranstaltet werden! Wie steht es mit der Beköstigung? Wir benötigen Lebensmittelspenden. Viele fleißige Helfer und Helferinnen werden gebraucht! Da die Plätze im neuen Freizeitheimsaal während dieser Tage mit Sicherheit nicht ausreichen werden, beabsichtigen wir, unser kleines Missionszelt neben dem Gebäude aufzustellen. Natürlich müßte es beheizt werden, denn es wird zu der Zeit schon recht kalt geworden sein. Sonntag früh findet der Festgottesdienst in der Jalleruper Kirche statt. Pastor Jansen wird zu uns sprechen. Und nun – das ist wohl ganz wichtig: wir dachten, die Feierlichkeiten vom 3. bis 5. Oktober zu begehen. Der 5. Oktober ist der diesjährige Erntedanktag, und am Erntedanktag gibt es sogar auch mal in Jallerup etwas mehr Kirchenbesuch als sonst. Würde dieser Tag nicht hervorragend passen? Schließlich haben wir doch besonders zu danken – für unser schönes Freizeitheim!“ Der jetzt bärtige Herr Kroneberg faltete seine Liste mit den Merkpunkten zusammen.

„Ich habe dazu noch einen Gedanken“, erbat sich Vorstandsmitglied Westernhagen das Wort. „Zu einem solchen Anlaß gehört es sich, eine Festzeitschrift herauszubringen. Das werde ich übernehmen“, bot sich der pensionierte Lehrer an. „Und dann sollten wir schon daran denken, Preislisten und Anmeldeformulare für die Heimbenutzung anzufertigen.“

„Geschwister, nun merke ich auch, wieviel es zu bedenken gibt! Und das wird bestimmt noch lange nicht alles sein! In der nächsten Zeit werden wir dies sorgfältig besprechen. Jeder von uns wird ein bestimmtes Aufgabengebiet bekommen. Wir müssen aber auch unsre Gemeindeglieder zur Vorbereitung heranziehen, es wird doch unser aller Fest! Der Herr möge uns die richtigen Einfälle und viel Kraft schenken – und, Geschwister, beten Sie auch für schönes Wetter!“ empfahl Prediger Hagedorn.

Fritjofs „Strafarbeit"

Die Jalleruper staunten nicht schlecht, als sie Fritjof so fleißig beim Freizeitheim arbeiten sahen. „Gerade Fritjof Knudsen!" meinten viele, und diejenigen, die ihn genauer kannten, wußten, daß er ganz und gar nichts von dem „heiligen Kram" hielt und seine eigene Schwester, die Ute, wegen ihres Glaubens seit einiger Zeit gehörig traktierte. Aber – warum zeigte gerade er plötzlich ein so überdurchschnittliches Interesse fürs Freizeitheim? Wenn die Dorfbewohner erführen, was der eigentliche Grund seines delikaten Einsatzes war – o weh!

Nachdem Fritjof, der bei seinem Vater auf dem Bauernhof beschäftigt war, seine dortige Arbeit erledigt hatte, ging für ihn also „Schicht Nummer zwei" los. Beim Freizeitheim war er damit beschäftigt, die Außenanlagen herzurichten. Fritjof hantierte zünftig drauf los, und wenn der stark gewachsene Bauernsohn schon einmal so richtig loslegte, war er wie ein Perpetuum mobile: nichts konnte ihn stoppen. Mit der Schippe planierte er die herangefahrene Muttererde, befestigte den Hofplatz mit einer neuen Schicht Kies, legte einen Rasen an und bereitete ein kleines Gelände für einen Minigolfplatz vor. Wie er auf den Minigolfplatz kam? Nun, die Idee stammte eigentlich von seinen Cliquenbrüdern. Die hatten den Vorschlag gemacht, und nachdem Fritjof von Herrn Kroneberg die Erlaubnis bekommen hatte, weil auch er davon begeistert war, stellten Fritjofs Freunde in ihrer Freizeit einige Hindernisse und Schläger her. Am Einweihungstage wollten die jungen Leute diese kleine Sportanlage gewissermaßen als „Geschenk der Jalleruper Dorfjugend" übergeben mit der Auflage, selbst jederzeit zum Spielen kommen zu dürfen.

Die Einweihungsvorbereitungen liefen auf Hochtouren. Im künftigen Freizeitheim wurde letzte Hand angelegt.

An einem Samstag, Ende September, stürzte Frau Kroneberg beim Anbringen der Gardinen im Aufenthaltsraum des Freizeithauses von der Trittleiter und brach sich das rechte Bein. Zum Glück passierte ihr dies bei ihrer letzten Eigenleistung. Doch während sie sich danach zu Hause schonte, blieb sie auch für die Sache des Rüstheimes nicht untätig und entwarf einen Prospekt mit der Darstellung des Freizeithauses, der hundertfach vervielfältigt und bei der Einweihung erstmalig verteilt werden sollte.

Birkhahns ziehen ein

Der 29. September – ein großer Tag für Birkhahns! Es war der Michaelistag.

Noch in seiner alten Wohnung las das Ehepaar des Morgens vor dem Aufbruch nach Jallerup die Tageslosung: „Gottes Engel sind allzumal dienstbare Geister, ausgesandt zum Dienst um derer willen, die das Heil ererben sollen" (Hebr. 1,14).

Ja, auch die Schar der Engel verneigt sich vor Gott und steht zum Dienst allen denen bereit, die zu ihm und seinem Volk gehören. Durch sie läßt Gott seiner Gemeinde Beistand und Hilfe zukommen. Sie sind ausgesandt zu unserem Heil. – Und wie passend war doch der dastehende Vers:

„Ich will den Herren loben, ihn preisen allezeit;
er hat mein Haupt erhoben aus großer Traurigkeit.
Von seines Himmels Haus er uns den Engel sendet,
der unsre Nöte wendet. Er hilft uns herrlich aus."

Das wollten sich Birkhahns zu eigen machen, und sie wußten auch, jetzt, da sie vor eine neue Aufgabe gestellt wurden, wo Ungewißheit und Nöte aufkommen konnten, würde der Herr ihnen seine Engel zur Seite stellen. Sie durften ganz getrost ans Werk gehen.

Als Birkhahns in Jallerup ankamen, wurden sie von Herrn Westernhagen im neuen Heim herzlich willkommen geheißen. Vor Freude fiel Frau Birkhahn dem Vorstandsmitglied um den Hals. Ute Knudsen ließ es sich auch nicht nehmen und war bei der Ankunft dabei. Sie überreichte dem neuen Heimleiterehepaar einen riesigen Chrysanthemenstrauß.

Herr Westernhagen berichtete, daß die Köchin in zwei Tagen ihren Dienst antreten werde, und sicherte zu, mit dieser erfahrenen Fachkraft ließe es sich bestimmt gut zusammenarbeiten, obwohl Frau Feddersen nicht gläubig sei. Doch schon hier böte sich eine Aufgabe an, um die Kollegin zum Glauben an Jesus Christus zu führen.

Dann erklärte er den beiden noch einmal kurz ihre Aufgabenbereiche. Da galt es für Herrn Birkhahn, angemeldete, nicht mobile

Gäste mit dem hauseigenen Kleinbus vom Bahnhof der Kreisstadt abzuholen, kleinere Instandsetzungsarbeiten durchzuführen, Lebensmittel zu besorgen, die Anlagen ums Haus zu pflegen, die Bücher zuverlässig zu führen, laufend Kontakt mit dem Vorstand in Hamburg zu halten und bei der Gebäudereinigung zu helfen. Von der Hausmutter wurde verlangt, sämtliche Zimmer und Gemeinschaftsräume aufzuwarten, Anmeldungen entgegenzunehmen, die Unterkünfte zuzuweisen, Korrespondenz zu führen und unter Anleitung von Frau Feddersen in der Küche tätig zu sein.

„Über Ihre Vergütungsbezüge sind Sie ja bereits von unserer Verwaltung unterrichtet worden und haben den Arbeitsvertrag unterschrieben", sagte Westernhagen.

„Das ist alles bestens!" strahlte Herr Birkhahn. „Wir sind vollauf zufrieden. Uns kommt es sowieso nicht auf eine hohe Entlohnung an – ich bekomme meine Pension."

„Und hier brauchen wir nicht mal Miete zu bezahlen", warf seine Frau ein. „Können wir's denn schöner haben!"

„So, liebe Birkhahns, jetzt werde ich Ihnen den Dienstwagen übergeben. Kommen Sie bitte mit auf den Hof!"

Da stand er. Es handelte sich um einen gespendeten achtsitzigen Kleinbus mit Ladefläche.

„Das gute Stück hat zwar schon einige Jährchen hinter sich, aber der Motor und vieles mehr wurde überholt. Bernhard Kroneberg, unser Maler, hat ihn weiß lackiert wie einen Bananendampfer, und sein Sohn pinselte den Schriftzug", erklärte Herr Westernhagen.

An beiden Seitentüren und an der Heckklappe stand in blauen Buchstaben unübersehbar geschrieben: Christliches Freizeitheim „Maranatha" – Jallerup.

„Maranatha"

An diesem frühen Freitagabend regnete es in Strömen. Neben dem Freizeitheim stand ein etwa einhundertfünfzig Personen fassendes Zelt. Trotz des miesen Wetters war es im Inneren gut auszuhalten, denn die sechs transportablen Propangasheizungen verbreiteten eine angenehme Wärme im Rund.

Jetzt, eine Stunde vor Beginn der Einweihungsfeier, schafften fleißige Frauen in der geräumigen Freizeitheimküche, schmierten Brötchen und bereiteten heiße Getränke vor. Die meisten Lebensmittel waren gespendet worden.

Viele Gemeindeglieder waren aus Hamburg angereist, um über die Festtage in Jallerup zu bleiben. Manche kamen sogar mit dem Wohnwagen, denn das Freizeitheim war für dieses erste Wochenende selbstverständlich voll ausgebucht. Selbst Bauer Knudsen und Gastwirt Christiansen mußten Logis bereitstellen; andere schliefen für die Nächte bei Jansens im Pfarrhaus oder in Hotels und Ferienpensionen des nahen Strandbades.

Mit gelber Öljacke, dem Friesennerz, bekleidet, stand Adrian Kroneberg vor dem Zelteingang und überreichte jedem Ankommenden einen Prospekt, aus dem man alles Wissenswerte über das Freizeitheim erfahren konnte. Dieses in ansprechender Form von Frau Kroneberg entworfene Faltblatt zeigte auf der Vorderseite die Abbildung des Bauernhauses, wie man es von der gegenüberliegenden Dorfstraßenseite aus sah. Schlug man um, hieß es im Text:

„,Maranatha' eignet sich für Freizeiten, Schulungskurse, Kurztagungen, Gemeindeausflüge.

Möchten Sie eine Bibelfreizeit durchführen für Kinder, Jugendliche, Erwachsene, Familien, Senioren?

Unser Freizeitheim bietet Ihnen 32 Betten (Einzel-, Doppel-, Dreibett- und Vierbettzimmer). Alle Räume sind mit fließendem Warm- und Kaltwasser sowie Zentralheizung ausgestattet. Ein angemessener Aufenthaltsraum steht zur Verfügung, ebenso Spiele und eine kleine Bücherei sind vorhanden. Das Haus liegt abseits vom Verkehrslärm, vier Kilometer vom Nordseestrand in Nordfriesland, gut geeignet als Ausgangspunkt für interessante Ausflüge an die Nordsee und Halligfahrten.

Sonstiges: Preise für Unterkunft, Verpflegung ... "

Das Zelt war gut gefüllt, als um 20 Uhr der Bläserruf der Jalleruper Feuerwehrkapelle ertönte.

Herr Kroneberg stellte sich vor die Versammelten und begrüßte alle recht herzlich. Einen besonderen Willkommensgruß entbot er Bürgermeister Dreeßen, den Mitgliedern der Jalleruper Gemeindevertretung, den Männern von der Feuerwehr und den Abordnungen verschiedener örtlicher Vereine. In der ersten Bankreihe saßen die beiden jugendlichen Arbeitslosen, die während des Umbaues so kräftig mit zugepackt hatten. Auch ihnen galt ein besonderer Gruß.

Dann bat Herr Kroneberg das Ehepaar Birkhahn und Frau Feddersen, die Köchin, zu sich nach vorn zu kommen, überreichte den Damen je einen Blumenstrauß, stellte den etwa einhundertzwanzig Menschen das Hauspersonal vor und händigte Herrn Birkhahn ein in Leder gebundenes Gästebuch für zukünftige Eintragungen der Freizeitheimbesucher aus.

Bevor Kroneberg nun dem Bürgermeister das Wort erteilte, trat Prediger Hagedorn hinzu und sagte: „Bruder Kroneberg, wir sind sehr dankbar, daß auch Ihre liebe Gattin, die beim freiwilligen Einsatz so bedauerlich von der Leiter stürzte und sich ein Bein brach, heute unter uns ist. – Frau Kroneberg, wir wünschen Ihnen gute Besserung! Es tut uns allen leid. Danke!" Dann ging Herr Hagedorn auf sie zu und schenkte ihr ein wunderschönes Blumengebinde.

„Im Namen der Gemeindevertretung und aller Bürger unsres Ortes heiße ich Sie, liebe Hamburger Gäste, in Jallerup herzlich willkommen. Wir freuen uns, daß es Ihnen gelungen ist, den ehemaligen Nielsenhof zu erwerben und daß Sie ihn mit Fleiß und großem Aufwand zu dem hergerichtet haben, was er heute ist, nämlich ein herrliches Freizeitheim. Dieses Haus ist ein Schmuckstück in unserer Gemeinde. Ich weiß, Sie haben in den Monaten des Ausbaues auch viele Schikanen, unverständliche und zu verabscheuende Behinderungen auf sich nehmen müssen. Für das, was Ihnen von der Dorfbevölkerung geschehen ist, möchte ich mich anstelle der Störenfriede entschuldigen."

Und Bürgermeister Dreeßen sprach und sprach. Es folgten jetzt viele leere Worte. Vor allem ging es ihm um die Selbstdarstellung des Ortes. Er hob stolz hervor, daß Jallerup auf den Tag genau 1.241 Einwohner habe – Ehepaar Birkhahn bereits mit eingerechnet –, er sprach vom Steueraufkommen und Siedlungswesen, von der Entwicklung der letzten Jahre und Baulanderschließung, vom Straßenausbau und mochte gar nicht aufhören, bis Feuerwehrführer Kriesel ihm einen kleinen Wink gab, weil dieser ebenfalls noch seine Grußworte loswerden wollte.

Irgendwie ging ein Aufatmen durch die Reihen, als der Bürgermeister seine Rede schloß, Herrn Hagedorn den großzügigen 5000-Mark-Scheck überreicht und der Oberste der Ortsfeuerwehr seinen Begrüßungsvers stotternd vom Blatt verlesen hatte.

Nach dieser ermüdenden Phase brauchte man etwas Aufmunterndes, und Herr Kroneberg ließ das Lied singen:

„Auf, Brüder, stimmt ein Loblied an
und laßt uns fröhlich sein!
Der Herr hat viel an uns getan,
wir wollen Dank ihm weihn.
Das Gotteslamm ist's wahrlich wert,
daß jede Seel es ewig ehrt,
daß jede Seel es ewig ehrt."

„Richtig! Wir haben allen Grund, fröhlich und voller Dankbarkeit zu sein!" bemerkte Herr Kroneberg mit freudig leuchtenden Augen. „Schauen Sie mich an, liebe Gäste, liebe Freunde!" Er zupfte an seinem Schwedenbart. „Ja, die mich schon länger kennen, kennen mich hier oben nackt." Kroneberg zeigte auf seinen Gesichtswald. Die Menge lachte. „Ich will damit sagen, daß aus dem Nichts – etwas werden kann. Zwar war der ehemalige Nielsenhof nicht ein Nichts, doch wir haben in diesem Falle aus einem Etwas ein Viel gemacht: aus einem alten, verlassenen Bauernhaus ein Haus zur Ehre Gottes. Und finden Sie nicht auch, liebe Freunde, das Haus – und der Bart natürlich auch – sind prachtvoll geworden –?" Die Zuhörer waren nicht mehr zu bremsen. Erst applaudierten nur einige Jugendliche, dann klatschten alle Beifall. – Ja, Laienverkündiger Kroneberg verstand es, seine Predigten mit volkstümlichen Einlagen zu würzen!

Bevor Herr Kroneberg mit seiner eigentlichen Einweihungsansprache begann, kam er nicht darum herum, auch Dank abzustatten. Da wurde der Bürgermeister bedacht, weil er sich für die schnelle Umbaugenehmigung eingesetzt hatte; er ging auf die fleißigen Helfer und Spender ein, sagte, man habe in vielen Fällen Wunder erfahren, und stellte als entscheidend heraus, daß das Freizeitheim betend erschaffen wurde. Dank für alle Gebete!

Die Einweihungspredigt stand unter dem Wort Psalm 84,4: „Der Sperling hat ein Haus gefunden und die Schwalbe ihr Nest, um ihre Jungen darin zu bergen."

Dieses Bibelwort brachte bildlich das zum Ausdruck, was mit der christlichen Gemeinde aus Hamburg geschehen war: ein Freizeitheim wurde gefunden! So wie der Vogel sein Nest hat, das seiner Art entspricht und alle Bedingungen erfüllt, die notwendig sind, um Junge zu bergen, so braucht auch die Gemeinde einen Ort der Versammlung, wo sie die Möglichkeit findet, im Urlaub, in den Ferien und in der Freizeit Gott anzubeten, sein Wort zu hören, Gemeinschaft zu pflegen und in jeder Hinsicht geistlich zu wachsen und zu reifen.

Während Herrn Kronebergs Ausführungen flogen von außen Steine gegen die nasse Zeltplane. Als dann jemand rausschaute, sah man, wie einige Jugendliche eiligst die Kurve kratzten.

Nach Ende der Abendveranstaltungen im Zelt bat der Redner, zur Namensenthüllung mit vors Haus zu kommen. Die große Schar versammelte sich trotz des Regens und der Dunkelheit vor der mit einem Scheinwerfer angestrahlten Hauswand, an der mit einem Bettlaken der Name des Heimes abgedeckt war. Frau Ennslin und Frau Jacobi lösten das Tuch, und dann konnte man es in schmiedeeisernen Lettern lesen: „Maranatha". Anschließend gab Herr Kroneberg bekannt, daß jetzt jeder das Freizeitheim besichtigen konnte. Er bat aber, auch wenn die Räume nicht mit Teppichböden ausgelegt waren, sich ordentlich die Schuhe zu reinigen.

Mit Erstaunen betrat so mancher Besucher das schöne Rüstzentrum. Im kleinen Saal waren einige Stände aufgebaut und boten Informationen über die Gemeindearbeit an. Adrian Kroneberg und andere aus der Hamburger Jungschar verteilten Handzettel. Daneben waren nette Kleinigkeiten der Frauengruppe zum Verkauf ausgestellt, deren Erlös der Kostendeckung Maranathas zufloß. Ein Büchertisch mit reichhaltigem Angebot ermöglichte eine gezielte Buchauswahl. Neben dem kalten Büfett wurde der Basarstand der Jugendlichen besonders umlagert. Hier waren die zu einer Mark pro Stück angebotenen, mit dem Schriftzug ,Maranatha' versehenen weißen Klaffmuscheln der absolute Renner.

Alle Besucher dieses Abends waren dankbar und legten eine gute Gabe zusammen. Sie freuten sich schon auf morgen, denn das sollte ein interessanter Tag werden – ein Tag mit vielen Aktivitäten in und rund um „Maranatha".

Tag der offenen Tür

Der Morgen begann trotz des herrlichen Sonnenscheins mit einer unangenehmen Überraschung.

In der vergangenen Nacht waren Unbekannte aufs Grundstück geschlichen und hatten mit einem spitzen Gegenstand an mehreren Stellen die Zeltplane aufgeschlitzt. Ja, der Teufel arbeitete kräftig mit! Vermutlich waren es dieselben Jugendlichen, die am Vorabend die Steine warfen. Ganz besonders bat man Gott an diesem Morgen, er möge doch alles Störende fernhalten, damit diese Festtage in Frieden und Freude durchgeführt werden konnten.

„Tag der offenen Tür" stand in der Festzeitschrift und auf den in Jallerup aufgestellten Einladungsschildern.

Im Laufe dieses Samstags kamen weitere Gemeindeglieder aus Hamburg angereist, um dabeizusein. Auch etliche Dorfbewohner schlenderten übers Freizeitheimgelände oder durchs Gebäude, tapsige Jungen, kichernde Mädchen, scheue Mütter. Gegen einen geringen Betrag konnten die Besucher belegte Brötchen, Würstchen, Kartoffelsalat, Heiß- und Kaltgetränke kaufen. Die ganze Atmosphäre glich einem großen Familienfest, bei dem Jallerups Bürger willkommene Gäste waren. Auch Herr Nielsen, der Veräußerer des Bauernhauses, ließ sich diese Gelegenheit nicht entgehen und staunte bei der Besichtigung, was aus seinem ehemaligen Erbe entstanden war.

„Alle Achtung!" bestätigte er Prediger Hagedorn und Herrn Kroneberg. „Eine Meisterleistung Ihres Architekten!"

„Sie haben recht! Unser Herr Freudenthal ist ein fähiger Mann – und auch Mitglied unserer Gemeinde", erwiderte der Prediger.

„Meine Herren, Sie wissen, daß ich Anfang dieses Jahres arg in Bedrängnis war, den Hof überhaupt loszuwerden. Als Ihre Gemeinde sich dann zum Kauf entschloß, fiel mir, ehrlich gesagt, ein Stein vom Herzen. Ich weiß jetzt, daß der Nielsenhof in guten Händen ist! Kurzum: ich möchte mich erkenntlich zeigen und übernehme es, bis Jahresende alle Tisch-, Bett- und Hauswäsche des Heimes kostenlos und bügelfertig zu behandeln. Nur zu meiner Wäscherei müßten Sie sie schon selber bringen und wieder abholen. Außerdem würde ich mich freuen, auch ab Jahresbeginn für Sie tätig zu sein, zu einem besonders günstigen Tarif – versteht sich!" sagte der Wäschereibesitzer und bot damit seine Dienste an.

Um Punkt zehn Uhr wurde der „Kindertag" mit dem Luftballon-Wettbewerb eröffnet. Die kleinen Gäste hatten Zettel mit Bibelsprüchen an die Ballonschnüre gebunden und darauf ihre Adressen geschrieben oder schreiben lassen. Wie magnetisiert folgten die Blicke der Kleinen den bunten Luftballonen, die in den wolkenfreien Herbsthimmel stiegen und über das flache Land wie weiße wandernde Wolken dahinzogen mit der Absicht, den Findern eine frohe Botschaft und einen Gruß vom Kindertag aus Jallerup zu bringen.

Anschließend fand im Zelt, das inzwischen mit Klebestreifen provisorisch repariert worden war, der „Bunte Kindervormittag" statt: fröhliches Singen, Kreisspiele, und es wurde ganz spannend die Geschichte von Joseph und seinen Brüdern erzählt. Wer beim Wiederholen noch viel von dem Erzählten wußte, bekam einen kleinen Preis – einen Wandspruch, ein Büchlein, ein Fleißkärtchen.

Ein aufgeregter Vater kam ins Zelt gestürmt und zerrte seine etwa fünfjährige Tochter unsanft nach draußen. „Da gehst du mir nie wieder hin!" schrie der Jalleruper seine Kleine energisch an. „Das ist nichts für dich!" Das Mädchen hielt krampfhaft mit seinen kleinen Fingerchen ein Fleißkärtchen fest und fing bitterlich an zu weinen. Doch der Vater nahm ihm das Bildchen aus den Händen und zerriß es wütend.

Der ganze Samstag war so vollgepackt mit Aktivitäten, daß es keinerlei Disziplinschwierigkeiten gab. Alle Kinder waren entweder selbst mit beteiligt oder ganz gefesselt von dem, was ihnen geboten wurde.

Esther Kroneberg und Ute Knudsen verstanden es hervorragend, die verschiedenen Programmpunkte darzubieten und die Begeisterung der Kinder nicht erlahmen zu lassen. Ute war besonders rege. Mit der kleinen Schar aus dem Jalleruper Kinderkreis hatte sie ein fröhliches Liedchen einstudiert, und sie trugen es nun am Nachmittag zu Beginn des Diavortrages vor der versammelten Gemeinde vor. In seiner grün-changierenden Ausgehjacke war auch Utes Vater im Festzelt und spendete reichlich Beifall. Er war auf seine dirigierende Tochter sichtlich stolz. In dieser Rolle fühlte er sich wohl – es war ja „seine Ute"!

Der Lichtbildervortrag schilderte den Werdegang des Freizeitheimes – vom Ankauf des Nielsenhofes über den Ausbau bis hin zu Birkhahns Einzug. Da auch Jalleruper Dorfansichten gezeigt wurden, interessierte es sogar etliche Einheimische, die trotz eines spannenden Fernsehnachmittags an diesem herrlichen Herbsttag gekommen waren.

Beim Vorführen der Lichtbilder erläuterte Herr Kroneberg noch einmal die Aufgabe des Freizeit- und Rüstheimes und stellte ganz deutlich in den Vordergrund, daß dieses Haus für alle offenstehe – vom Baby bis zum Senior. Hier solle man die Weiterführung im persönlichen Glaubensleben erfahren und auch als Nichtchristen mit überzeugten Christen ins Gespräch kommen.

Als auf der Leinwand das am Ostersonntag von Esther Kroneberg geschossene Foto mit den Hausbesetzern gezeigt wurde, brüllte Bauer Knudsen durchs Zelt: „Da – das sind die Halunken!"

„Wen meinen Sie?" fragte Herr Kroneberg schmunzelnd. „Die drei, die auf der linken Seite des Gruppenbildes stehen etwa? – Das ist meine Frau, mein Sohn, und das bin ich! Die anderen vier Personen sind in meinen Augen jedenfalls keine Halunken!" Alle lachten, und Knudsen wurde verlegen.

Nach dem Diavortrag bat ein Reporter vom Kreisblatt, der sich schon längere Zeit auf dem Freizeitheimgelände aufhielt, den ,Tag der offenen Tür' reichlich auskostete und zuweilen fotografierte, Prediger Hagedorn und Herrn Kroneberg um ein Interview.

Der Abend stand ganz unter dem Thema: Innere Mission.
Vor Prediger Hagedorns Ansprache sagte Esther ein Gedicht auf:

„Herr, dieses Haus mit deinem Namen,
das wollest du nun selber weihn;
sprich du zu unserm Werk dein Amen
und laß doch unser Tun gedeihn.
Herr, segne Kanzel und Altar
mach dich durch beide offenbar!

Gib Kraft dem Wort, daß es uns lade,
die wir in Angst und Not und Pein,

zu dir und deinem Tisch der Gnade,
verkläre dich in Brot und Wein.
Herr, speise uns an dieser Statt,
wir kommen hungrig, mach uns satt!

Wir wollen nimmer es vergessen,
was du in diese Welt gebracht,
und wollen hier die Lieb' ermessen,
die du in deinem Sohn erdacht.
Dazu uns deine Hilf' verleih,
wir sind gebunden, mach uns frei!

So laß uns, Herr, nun nicht alleine,
uns kleine Schar, die deiner harrt;
mach uns zur lobenden Gemeine,
weil uns durch dich Erlösung ward.
Ja, lehr uns selbst das Benedei'n –
tritt nun herzu, wir warten dein!"

Danket dem Herrn!

Abgesehen davon, daß am Erntedanktag, so wie es in ländlichen Gemeinden allgemein üblich ist, ohnehin auch mehr Jalleruper als sonst zum Gottesdienst kommen, war die örtliche Kirche höchstens einmal am Heiligen Abend so voll.

„Nun preiset alle Gottes Barmherzigkeit", sang die Gemeinde, bevor Pastor Jansen auf den Predigttext einging: „Gott aber kann machen, daß alle Gnade unter euch reichlich sei" (2. Kor. 9,8).

Der Pfarrer erinnerte daran, daß Gott alles gibt, was wir brauchen. Wieviel Anlaß haben wir doch, über seine Gaben nachzudenken und dafür zu danken! Und wenn es heißt: „Gott kann machen" – so weist das auch in die Zukunft. Auch unsere Zukunft liegt bei ihm. Wer das weiß, der wird frei von unnötigen Sorgen, frei für die Aufgaben, die uns gestellt sind.

„An diesem Tage haben wir sehr unserem Herrn als Geber aller Gaben zu danken! Ganz besonders auch dafür, daß die christliche Gemeinde aus Hamburg jetzt nach viel Gebet und Opfer ihr eigenes Freizeitheim hat. Das ist nicht nur für sie, sondern für uns alle – die Jalleruper eingeschlossen – ein Grund zur Freude." Der Pastor schloß: „Die Hamburger Geschwister haben zur Finanzierung des Hauses eine große finanzielle Last übernommen, an der sie noch viele Jahre zu tragen haben werden. Darum möchten wir uns, liebe Ortsgemeinde, nicht nur mit ihnen über das Gebäude freuen, sondern wir wollen auch mithelfen, etwas von der dadurch entstandenen Bürde zu tragen. Das tun wir am besten, indem wir ein spezielles Opfer für sie am Schluß des Gottesdienstes einsammeln. Liebe Gemeinde, alle die, die bei dieser Gelegenheit freudig und selbstlos mithelfen, an der finanziellen Last zu tragen, haben besondere Verheißungen vom Herrn: ‚Einen fröhlichen Geber hat Gott lieb', und er kann seine ganze Gnade über euch so reichlich ausschütten, daß ihr selbst zu jeder Zeit alles habt, was ihr braucht, und dazu noch ausreichend Mittel, um weiter anderen zu helfen und Liebeswerke zu tun. Denn es ist doch so: Wer spärlich sät, wird auch spärlich ernten; wer aber im Segen aussät, wird eine Segensernte haben (2. Kor. 9,8.6.7)."

Pastor Jansens Aufruf blieb nicht ungehört, und man merkte es an der Kollekte, daß der Morgengottesdienst ein Dank dem Herrn gegenüber für seine Treue und Gnade war. 642 Mark und 35 Pfennige kamen zusammen und wurden nach der Erntedankfeier Herrn Hagedorn überreicht. Über die zwei fünfmarkstückgroßen Schildplattknöpfe schmunzelte der Prediger besonders.

Auch die Nachmittagsandacht im Zelt stand ganz im Zeichen des Dankens unter dem Wort: „Die Freude, im Hause Gottes zu sein" (Ps. 84).

In seiner Ansprache betrachtete Prediger Hagedorn vor der gut besuchten Versammlung besonders die Aktivität des einzelnen in der Gemeinde. Er betonte, um diese missionarische Arbeit erfolgreich zu betreiben, sei es unbedingt notwendig, daß ein jeder wahrhaft Gläubige seine Aufgabe im Reich Gottes erkenne. Das Band, das alle hierbei verbinden müsse, sei das feste Vertrauen auf das Wort Gottes und der Gehorsam gegenüber dem Auftrag unseres Herrn Jesu, seine Zeugen zu sein.

Angereichert wurde diese Festversammlung durch den Gesang des gemischten Chores unter Leitung von Herrn Westernhagen:

„Vergiß nicht zu danken dem ewigen Herrn,
er hat dir viel Gutes getan.
Bedenke, in Jesus vergibt er dir gern,
du darfst ihm, so wie du bist, nahn.
Barmherzig, geduldig und gnädig ist er,
viel mehr, als ein Vater es kann.
Er warf unsre Sünden ins äußerste Meer,
kommt, betet den Ewigen an."

Das Wirken des Heiligen Geistes verband durch Wort und Gesang die Herzen der Festgemeinde in Einigkeit und Harmonie. Nur in dieser Einigkeit, einig mit dem Bruder, einig mit der Schwester, einig mit dem Wort Gottes und einig mit der Aufgabe, ist man ein produktiver Mitarbeiter im Dienste des Herrn.

Prediger Hagedorn beendete die Festtage mit dem Aufruf, die Botschaft von Jesus Christus weiterzusagen.

Nach der Abschlußversammlung meinte Pastor Jansen zu Herrn Hagedorn: „Lieber Bruder, ich fühle, daß der Heilige Geist gegenwärtig war."

Als Kronebergs am frühen Abend vom Heimleiterpaar Birkhahn und von den vielen anderen Abschied genommen hatten, um nach diesen segensreichen Tagen heim nach Hamburg zu fahren, winkten ihnen beim Verlassen des Grundstücks einige Jalleruper Jugendliche, die noch bis jetzt zum Sonnenuntergang auf der Minigolfanlage ihre Partien austrugen, mit ihren Schlägern ein freundliches „Auf Wiedersehen!" zu.

Zwei Tage nach dem Erntedankfest erschien im Kreisblatt ein kurzer Artikel über das Freizeitheim. In dem Abgedruckten war leider mehr vom gelungenen Umbau als von der zukünftigen Nutzung und Aufgabe des Hauses die Rede. Der Verfasser berichtete auch von den Feierlichkeiten sehr unobjektiv und meinte gar, die anscheinend sehr finanzstarke christliche Gemeinde habe während der drei Tage in der verträumten Jalleruper Dorfidylle eine wahre Selbstdarstellung im frommen Showeffektrahmen geboten. Dieser Artikel war recht verzerrt und entsprach in vielem nicht der Wahrheit.

Ein erfreulicher Finanzbericht

Mitte Oktober legte Rechnungsführer Dallmeyer den Finanzab-
schlußbericht vor.

Da die Spenden und Zuweisungen am Stichtag der Einweihung
etwas höher lagen, als die Ausgabenseite vorzuweisen hatte, ergab
sich ein Plusbestand, der allein schon auszureichen schien, um für
den kommenden Monat die laufenden Ausgaben für Beköstigung,
Instandhaltung, Versicherungen, Steuern, kommunale Abgaben,
Vergütungszahlungen und Energiekosten zu decken.

Daß jetzt noch so üppige Spenden von Gemeindegliedern eingehen würden, konnte man nicht erwarten; alle hatten reichlich
gegeben. Von nun an sollte sich das Freizeitheim in der Unterhaltung und Bewirtschaftung durch Übernachtungs- und Essenszahlun-
gen, Tagungs- und Seminargebühren selbst finanzieren.

Im Vorstand war man sich darüber im klaren, daß das Heim nicht
große Gelder erwirtschaften könne, schließlich sei „Maranatha" kein
Hotelbetrieb, sondern man arbeite nur nach dem Kostendeckungs-
prinzip. Die über die Bedarfssumme hinausgehenden eventuellen
Überschüsse, noch eingehende Zuweisungen und Spenden würden
der Rücklage zum Abbezahlen des hohen Darlehens zugeführt
werden. Nun hieß es, erst einmal Erfahrungen zu sammeln, und
Herr Dallmeyer hoffte, bei der nächsten Sitzung schon einen ersten
Bericht über die Betriebskosten und Einnahmen geben zu können.

Martina wird Mitarbeiterin

Ein starker Sturm fegte über die flache Landschaft, als Kronebergs an einem der nächsten Wochenenden in Jallerup weilten. Sie hatten sich vorher vorschriftsmäßig bei Birkhahns angemeldet und konnten von Glück sagen, daß noch Unterkunft für vier Personen vorhanden war.

An diesen Tagen ging es in „Maranatha" lebhaft zu, denn eine fünfundzwanzigköpfige Jugendgruppe hatte das Freizeitheim in Beschlag genommen – fröhliche junge Leute, nicht alles entschiedene Christen, hielten eine Wochenendfreizeit unter der Leitung eines Jugendwartes ab.

Als Ute Knudsen am Abend die Frischmilch bei Frau Feddersen ablieferte, fragte sie gleich nach der Hamburger Familie, denn sie hatte schon den kronebergschen Wagen auf dem Hausparkplatz gesehen.

„Sie kommen wie gerufen", sagte das Bauernmädel zu Herrn Kroneberg und bat, ihn allein sprechen zu dürfen. Sie hatte nämlich ein Problem. Es handelte sich um Martina Lund.

Ute berichtete, daß Martinas Mutter bei ihr gewesen sei und über ihre Tochter sehr geklagt habe. Daß mit Martina irgend etwas nicht stimmte, war Ute bereits aufgefallen, denn sie kam schon seit längerem nicht mehr zum Gitarrespielen und hatte jeglichen Kontakt zu ihr abgebrochen. Dabei war Martina auf dem besten Wege, die Botschaft Jesu anzunehmen, und beteiligte sich auch hin und wieder interessiert in Pastor Jansens Bibelgesprächskreis. Sie war im Grunde ein liebes, verträgliches Mädchen – zugleich aber voller Dynamit in gewissen Situationen. Was war nun geschehen?

Martinas Mutter meinte, daß ihre Tochter völlig aufgedreht und in schlechte Gesellschaft geraten sei. Beweise dafür gäbe es genug: Martina habe sich einer Clique angeschlossen und halte sich nun in dunklen Kneipen des Strandbades auf. Neulich sei sie von einem ihrer Typen in der Nacht total betrunken nach Hause gebracht worden. Von den Männern bekomme sie in den Diskotheken Alkohol spendiert; und es sei auch kein Wunder, daß sie sich an Martina wie wild ranschmissen, sie sehe ja auch gut aus. Das Sorgenkind solle ihrer Mutter doch glatt frech ins Gesicht gesagt haben, daß sie zu jungen Männern in die Wohnung gehe. Und das mit siebzehn!

„Ja, Herr Kroneberg", klagte Ute weiter, „Martinas Mutter ist nun ganz kopflos. Weil sich Martina von ihr nichts sagen läßt, soll ich nun einspringen und mit ihr reden. Zu mir hatte sie sonst Vertrauen, doch ich fühle mich nicht stark genug, sie aus dem Sumpf herauszuholen. Martina ist doch so frech und aufsässig geworden, und daß sie Schlag bei den Jungs hat, ist ihr richtig zu Kopf gestiegen. Ich kann sie nicht verstehen. Warum läßt sie sich von den Kerlen nur so beeinflussen und kriecht ihnen auf den Leim?"

Herr Kroneberg versprach, Ute bei dieser nicht ganz leichten Aufgabe zu helfen, doch er müsse mit Martina vernünftig sprechen können.

Eine halbe Stunde später fuhren die beiden ins Strandbad, um die Gestrauchelte zu suchen. Zu Hause hatten sie sie nicht angetroffen, doch Frau Lund nannte ihnen unter Tränen den Namen des Lokals.

Von außen machte die Kneipe einen soliden Eindruck. „Flash point" stand über der Tür. Ein Plakat wies auch auf Lifemusik hin.

Herr Kroneberg und Ute betraten den Schuppen. Im Flur draußen lehnten Typen gelangweilt an der Wand. Die meisten mahlten mit ihren Zähnen, als ob sie es bezahlt bekämen. Einer hatte die Beine so weit vorgestreckt, daß man kaum an ihm vorbeigehen konnte. Herr Kroneberg sah ihn einen Augenblick lang scharf an. Er erwiderte den Blick frech und reglos.

Sie stiegen über seine Beine hinweg. Je näher sie dem Durchgang zum eigentlichen Lokal kamen, desto ohrenbetäubender wurde der Lärm der Musik. Die Trompeten von Jericho waren möglicherweise wie das Fallen einer Stecknadel, verglichen mit dem Gedröhn, das den Raum erfüllte.

Das Lokal bestand aus zwei Räumen, die mit einem großen Bogen verbunden waren. Links gab es die Bar. Rechts, im größeren Raum, lag die Tanzfläche.

Der Diskjockey hockte hinter seinem Regiepult, verschob diverse Reglerknöpfe und rief ins Mikrophon: „Und nun, Freunde, ein paar Minuten Soul, etwas für unsre romantischen Gemüter, hähähä. Ich bin heute wieder witzig, was? Na, dann laßt die Ohrwürmer 'rein-kriechen und vergeßt nicht, auch mal was zu bestellen. Wie soll ich sonst an mein Gehalt kommen, könnt ihr mir das verraten? Hähähä."

Herr Kroneberg sah Ute an. „Uh!" sagte er: „Dann wollen wir mal."

„Wir hätten ein Megaphon mitbringen sollen", brüllte Ute, denn jetzt tobte die Musik wieder in einer Lautstärke, die schwachen Trommelfellen gefährlich werden konnte. Die Beleuchtung war so schwach, daß man sich fragte, warum man überhaupt ein paar hundert Glühbirnen dazu brauchte. Mit einer einzigen, nicht rot oder grün angemalten Birne hätte man den gleichen Helligkeitsgrad erzielt.

Sie gingen von Tisch zu Tisch. Sie sahen schwitzende junge Gesichter, aber nicht Martina.

Der Diskjockey hieß Axel und wollte wissen, ob das gesuchte Mädchen Herrn Kronebergs minderjährige Geliebte sei.

Kroneberg brüllte gegen die Musik an: „Kennen Sie Martina Lund, und haben Sie das Mädchen gesehen?"

„Vielleicht. Vielleicht nicht. Wie soll ich das sagen? Bei uns . . ."

„Warum suchen Sie Martina?" fragte ein etwa siebzehn-achtzehn-jähriges Mädchen mit einer sehr alt klingenden Stimme.

„Wir suchen sie eben", antwortete Kroneberg. „Wir wollen mit ihr sprechen. Ihre Eltern machen sich Sorgen um sie."

„Schau an – ich lach mich scheckig! Damit hätten sie früher anfangen sollen", meinte die kesse Krabbe kalt, und ihre grell geschminkten Lippen formten sich zum Schmollmund. „Immer dasselbe mit den Alten. Erst haben sie keine Zeit für uns, dann machen sie sich Sorgen, wenn wir abhauen. – Okay, ich hole sie."

Nach einer Weile kam sie wieder – mit Martina.

Martina erkannte Ute sofort und versuchte ein mißglücktes Grinsen. Abweisend sah sie sie an.

„Was willst du denn hier? – Mit dem fromme Liedchentrillern hab' ich aufgehört – weißt du doch. – Versuch bloß nicht wieder, mich dafür zu gewinnen! – Ist der da auch so'n Frommer?" fragte sie, auf Herrn Kroneberg weisend, und wandte sich kühl und herablassend von ihm ab.

Der Klang ihrer Stimme, die Art, wie sie sprach, und ihr jetziges Aussehen standen im Gegensatz zu ihrem Alter.

„Ich heiße Kroneberg! – Martina, wir möchten mit dir sprechen." Ihre Blicke fraßen sich ineinander.

Die drei setzten sich an den Tisch, ganz hinten im Raum.

„Schieß los, Martina! Ich bin ganz Ohr. – Warum denkst du denn nicht mehr an unsre Freundschaft, an unsre Gespräche?" fragte Ute. „Du wolltest doch auch zum Glauben kommen, versprachst du mir."

Martina zuckte mit den Achseln.

„Wollte, wollte . . . ja, ja, ich weiß. Ist eben anders mit mir gelaufen, siehst ja. Ich tingel hier so'n bißchen rum, helf' mal hinterm Tresen aus. Bekomm' hin und wieder Geld dafür – oder ich reiß' 'nen Typen auf – verstehst schon!"

Dann erzählte sie noch eine Weile und gebrauchte dabei massenhaft obszöne Ausdrücke. In der Anwendung anstößiger Redewendungen war sie ein echtes Naturtalent, das auf diesem Gebiet keine Nachhilfestunden benötigte.

Herr Kroneberg wiederholte noch einmal, daß ihre Eltern in großer Sorge seien. Doch Martina ließ sich nicht davon beeindrucken. Sie glich einer Hochspannungsleitung.

„Laßt mich allein! Ihr geht mir auf'n Keks. Haut ab!" zischte sie, bis an die Grenzen des Erträglichen aufgepeitscht, und ihre Augen schossen Blitze.

Als die beiden gegangen waren, blieb Martina noch eine Weile vollkommen weggetreten sitzen und versuchte, krampfhaft nachzudenken. Irgendwie fand sie dann doch schnell in die Realität zurück und erkannte, im Bann ihrer „Freunde" zu sein. Ein Typ setzte sich zu ihr.

„He, Schneewittchen! Du hast vorhin 'nen Kerl am Tisch gehabt", fing der junge Mann mit dem lilarosa gestreiften Hemd nach kurzem Überlegen an. „Wer war das?"

„Das war jemand von der Kirche oder von so was Ähnlichem", gab sie zur Auskunft und verschloß die Augen.

„Versuch ja nicht, mich anzulügen, sonst werd' ich dir den Hintern versohlen, daß er so rot ist wie'n Himbeerkuchen!" drohte der Nobeltyp kaltblütig und riß ihren Kopf an den Haaren hoch. „Wer war der Kerl, der sich zu dir an den Tisch gesetzt hat? Woher kanntest du ihn?"

„Ich - ich kannte ihn doch gar nicht", stieß Martina mühsam hervor. „Er - er wollte, daß ich den Laden hier lasse."

„Ach ja, Puppe, und nun überlegst du, ob du's tust, was?" fauchte der Snob. „Mit mir nicht!" Er schlug ihr den Handrücken brutal ins Gesicht.

„Neeeeiiiin!!! Das kannst du mit mir nicht machen!" schrie Martina laut in den Raum. Ohne auf ihren Protest zu hören, klatschte ihr der Typ erneut ins blasse Gesicht.

„Dich quetsch' ich aus, Süße", keuchte ihr Bekannter, und seine Augen funkelten. „Du legst mich nicht aufs Kreuz! Du nicht!" Dann ließ er sie sitzen und verschwand.

Martina lag über den Tisch gebeugt und heulte. Doch dann sprang sie plötzlich auf, verließ unter Schmerzen das zwielichte Lokal, lief zum nahen Taxistand und fuhr nach Jallerup zu ihren Eltern.

Am nächsten Nachmittag kam Ute ins Freizeitheim. Sie hatte Martina mitgebracht.

Martina entschuldigte sich bei Herrn Kroneberg wegen ihres gestrigen Verhaltens. Sie berichtete mit rückhaltloser Offenheit, daß ihr alles „stinke". Alles war so fürchterlich öde, weil sie keine Lehrstelle bekam. Und dann die blöde Langeweile! Deswegen hatte sie ein bißchen Abwechslung gesucht und in letzter Zeit alle Menschen, die ihr unter die Augen kamen, aus Prinzip angemotzt. Bis gestern war sie befreundet gewesen mit Freaks und Punks, wurde eine radikal selbstsüchtige Persönlichkeit und bekam unheimlich irre Ideen. Da war Provokation, Unverschämtheit und Ironie drin. Sie blieb mal für einige Tage von Hause weg, flippte gelegentlich kreativ herum, legte in einer Diskothek hin und wieder Platten auf oder stand in engem Pulli hinterm Tresen und kippte Whisky in die Cola. Nun aber schien sie doch zur Einsicht gekommen zu sein, wie witzlos es ist, schmachtend in der Lustbarkeit umherzurennen und ein Lotterleben zu führen. Außerdem wurde sie gewahr, daß sie erheblichen Raubbau an ihrer Gesundheit getrieben hatte.

„Ach, das ist doch zum Heulen! Ich weiß, alles, was ich machte, war irgendwie abgeschmackt und fad. Es ist aber eben auch zu blöd', daß ich keine Arbeit bekomm'!"

Ein warmherziges Lächeln des Verstehens huschte über Kronebergs Gesicht. Wenn er jetzt das Mädchen ansah, senkten sich ihre Blicke wie bei einem schüchternen Buben, den man bei einem Streich ertappt hatte.

„Martina, da kann dir geholfen werden. Ich hörte von Frau Feddersen, der Köchin, daß sie noch gut eine Hilfe gebrauchen könne. Wenn du Lust hast, darfst du ab morgen in der Freizeitheimküche arbeiten. Zwar ist es vorerst keine feste Anstellung, aber was nicht ist, kann ja noch werden. Das ist eine reelle Chance! Ich muß dem Vorstand sowieso anraten, eine zusätzliche Küchenkraft einzustellen. Also, überleg' dir's! Du könntest morgen also schon..."

Martina ließ Herrn Kroneberg erst gar nicht ausreden, der Traumberuf einer Friseuse war vergessen, und sie sagte freudig: „Okay, ab morgen fang ich an! Danke!"

„Selbstverständlich werden wir deine Arbeit auch angemessen entlohnen, und du wirst sozialversichert", erklärte Herr Kroneberg und reichte der Freudestrahlenden die Hand.

Die Tätigkeit in der Küche brachte Martina sehr viel Spaß. Sie war gelehrig, sorgfältig und fleißig. Hatte sie ihre letzte Tagesarbeit beendet, blieb sie gerne noch ein paar Stunden länger im Freizeitheim und nahm freiwillig an den verschiedenen Veranstaltungen teil. Auch wenn Freizeitgruppen zur Bibelarbeit beisammensaßen, gesellte sie sich dazu, nahm Kontakt mit gläubigen Menschen auf, und in ihr wuchs langsam das Verlangen nach Gottes Wort.

In der ersten Adventswoche erhielt Martina einen Brief von der christlichen Gemeinde aus Hamburg. Darin wurde ihr mitgeteilt, daß sie jetzt als Küchenhilfe fest angestellt sei. Nun gehörte sie zum hauptamtlichen Personal des Freizeitheimes.

Freude zum Advent

Seit der Eröffnung „Maranathas" nahmen etliche Jugendgruppen an Wochenendfreizeiten teil. Großen Anklang fanden auch die Seniorenseminare. Daß sich die Gäste in diesem wunderschönen Heim wohl fühlten, war auch ein Mitverdienst des Hauspersonals, vor allem des Ehepaars Birkhahn.

Herr Birkhahn meinte, daß er hier nichts vom Älterwerden merke, denn durch den Kontakt zu Kindern und Jugendlichen sei er wieder jung geworden. Trotzdem beanspruche ihn der vielseitige Dienst mitunter sehr, falle doch erheblich mehr Arbeit an, als man glaube. So habe er an die christliche Gemeinde nach Hamburg geschrieben und gebeten, möglichst schnell noch eine Zusatzkraft einzustellen.

Der Vorstand nahm Herrn Birkhahns Hilferuf ernst und beschloß in einer Dringlichkeitssitzung, eine männliche Hilfskraft anzuwerben. Auf Frau Jacobis Vorschlag hin kam man überein, sich um einen Zivildienstleistenden zu bemühen.

Zwei Wochen vor Weihnachten stellte sich bei Birkhahns ein großer, schlaksiger junger Mann vor: „Stefan Butenschön heiß' ich", sagte er und strich lässig über die schulterlangen Haare seines Engelgesichts. „Hier soll ich nun meinen Zivildienst fortsetzen. Ich war schon einige Monate in 'nem Altenheim im Einsatz, aber das war echt blöd – mit den Alten und so. Das lag mir nicht. Hab' mich dann um was andres umgesehen, und man hat mir dies hier empfohlen. Ich glaub', dies liegt mir besser, da kann man bestimmt mal was losmachen."

Der Zwanzigjährige rümpfte seine Nase, als ihm berichtet wurde, daß „Maranatha" ein christliches Freizeitheim war. Irgendwie konnte Herr Birkhahn die Reaktion des jungen Mannes nicht begreifen, hatte er ihm doch unter anderem zuvor erzählt, er habe aus moralisch-religiösen Gründen den Wehrdienst verweigert.

Stefan fand in Birkhahns privatem Gästezimmer Unterkunft und wurde während seiner geregelten Dienstzeit hauptsächlich mit Reinigungsarbeiten beschäftigt. Da er einen Führerschein besaß, chauffierte er auch den heimeigenen Kleinbus, besorgte Lebensmittel und beförderte Heimbesucher.

Vorstand und Heimleitung hatten zwar andere Vorstellungen von den Charaktereigenschaften einer Hilfskraft für „Maranatha". Aber Stefan schien fest entschlossen, genießend durchs Leben zu gehen. Er nahm nur das an, was er selbst haben wollte, und dann, wenn er es bekommen hatte, schien er sich von der Umwelt isolieren zu können wie ein Pilot, der zum ersten Alleinflug aufgestiegen ist.

Am vierten Advent, Martina hatte auch an der Bibelfreizeit einer Jugendgruppe teilgenommen, besuchte die junge Küchenhilfe noch zu später Abendstunde Ute Knudsen und teilte ihr mit, daß sie allen Ernstes ihr Leben Jesus Christus übergeben wollte. Wie froh war Ute da, und die Mädchen fielen sich vor Freude in die Arme. Ute zündete die bereits zu Stummeln heruntergebrannten Kerzen ihres Adventsgesteckes an. Die Mädchen sangen ein Lied und beteten. Von diesem Augenblick begann zwischen den beiden eine echte, wahre Freundschaft. Sie wußten, daß sie einen gemeinsamen Herrn hatten – Jesus Christus! Das verband sie um so fester.

Über die Runden kommen

Nach dem Weihnachtsfest traf sich der Vorstand zu seiner letzten Sitzung des Jahres.

„Geschwister, es war für unsere Gemeinde ein bewegtes, mühevolles und zugleich freudiges Jahr! Der Herr hat uns so wunderbar hindurchgebracht und geholfen", sagte Prediger Hagedorn.

Herr Dallmeyer legte die Bilanz der vergangenen zwei Monate vor und betonte, daß man gut gewirtschaftet, ja, sogar einen Gewinn erzielt habe.

„Die Heizungsanlage des Freizeitheimes bewährt sich hervorragend. Das zeigt sich jetzt beim vollen Durchheizen. Doch leider ist das Öl in letzter Zeit wieder einmal teurer geworden, und ich muß zugeben, daß ich das beim Kostenansatz für Energie nicht einkalkuliert hatte. So wird uns nichts anderes übrigbleiben, als die Übernachtungs- und Verpflegungssätze der Teuerung entsprechend anzupassen, das heißt, zu erhöhen, und zwar mit Wirkung des nächsten Monats. Es tut mir leid, Sie um diese Abstimmung zu bitten, aber wir müssen sehen, daß wir über die Runden kommen", bemerkte der Rechnungsführer, verteilte die Entwürfe der mit den um zehn Prozent erhöhten Preislisten für sämtliche Heimbenutzungskosten und bat, hierüber abzustimmen, was einstimmig erfolgte.

Stefan macht Ärger

Dreißig junge Leute, Mädchen und Jungen aus der Hamburger Gemeinde, verbrachten den Jahreswechsel im Freizeitheim. Prediger Hagedorn leitete diese Silvesterfreizeit, die unter dem Bibelwort Jesaja 35,4 stand: „Saget den verzagten Herzen: Seid getrost, fürchtet euch nicht!"

Im kleinen Saal hatten sich die Jugendlichen versammelt, saßen an Tischen, tranken Tee, knabberten Kleingebäck und besprachen in gelockerter Atmosphäre das Leitthema. Auch das Hauspersonal war dabei und wollte mit den Gästen die letzten Stunden des alten Jahres verleben.

Ein Freizeitteilnehmer meinte, dieses Jesajawort spräche alle diejenigen an, die verzagten Herzens sind; es gelte also nicht denjenigen, die mit Lärm und viel Geschrei das neue Jahr begrüßen.

„Wir sind gemeint", sagte ein Mädchen, „wenn wir am letzten Abend des Jahres die bange Frage stellen: „Wie soll es weitergehen – in unserm Land, in unserm Leben? Und Jesaja gibt klar die Antwort: Seid getrost, euer Gott kommt und wird euch helfen!"

„Richtig!" stellte Prediger Hagedorn fest. „Diese Zusage wurde dem Volk Israel gegeben, als es nach der babylonischen Gefangenschaft vor der zerstörten Heimat stand und ohne Hoffnung in die Zukunft sah. Gott bot Trost in trostloser Zeit. Und Jesus hat diese prophetische Rede in die frohe Botschaft für seine Jünger aufgenommen: Siehe, ich bin bei euch alle Tage!"

Esther Kroneberg, die ebenfalls an der Freizeit teilnahm, meldete sich zu Wort: „Jesus verspricht uns nicht Wohlstand und ein unbeschwertes Leben. Auch im neuen Jahr . . .", Esther schaute auf ihre Armbanduhr – nur noch zwei Stunden und neun Minuten –, „ . . . müssen wir unser Kreuz auf uns nehmen, wenn wir ihm nachfolgen wollen. Aber er geht uns voran und läßt keinen von uns zu kurz kommen. Er ist uns nahe und vertreibt alle Furcht vor der Zukunft."

„Spinn' doch nicht rum!" schrie jemand von einem der Tische herüber. „Keine Angst vor der Zukunft –? Und wie steht's mit dem Frieden? Hast du etwa keine Angst vor 'nem Atomkrieg – ha?"

wollte Stefan Butenschön, der Zivildienstleistende, wissen, der sich eine Flasche Bier nach der anderen 'reinkippte, obwohl im Hause strenges Alkoholverbot herrschte. Er nahm sich einfach das Recht zu trinken, weil er nicht zu den Freizeitteilnehmern gehörte und jetzt Feierabend hatte.

Der mittlerweile Angetrunkene, dessen Weiß seiner Augäpfel schon rosafarben war, lallte herum und versuchte, die Runde zu stören. Prediger Hagedorn und Herr Birkhahn baten ihn höflich, den Raum zu verlassen, doch er blieb und fragte mit höhnischem Grinsen übers ganze Gesicht: „Darf ich mal was zu euerm ganzen Gequatsche sagen?"

„Bitte?" gestattete Herr Hagedorn. „Aber kurz und vernünftig, Herr Butenschön!"

„Leute, eine sichre Zukunft ohne Angst kann man nur haben, wenn man sich in 'ner Friedensbewegung stark macht – so wie ich! Gegen den Krieg kann man nur so ankämpfen – da hilft kein Gott. Ist doch sonnenklar! Und ich bitte euch, arbeitet auch in dieser Bewegung mit!"

Die Freizeitteilnehmer verstanden von Stefans Gerede über diese Friedensinitiative nur „Bahnhof". Dann schnitt Prediger Hagedorn dem arrogant Friedliebenden bewußt das Wort ab: „Junger Freund, wir haben vorhin besprochen, warum wir uns nicht zu fürchten und keine Angst zu haben brauchen. Entweder haben Sie nicht richtig zugehört, oder Sie sind zu vernarrt in Ihre Friedensbewegung, zu der ich an alle Teilnehmer noch ein paar Sätze sagen möchte."

Irgendwie fühlte sich der Störenfried beleidigt und rief lautstark in die Menge: „Hier herrscht sowieso 'ne Stimmung wie zwanzig Schlaftabletten, und verflixt und zugenäht, bei euch geht's zu wie in 'nem Leseraum eines Kurhotels – und das zu Silvester! Nee – danke!" Dann verließ er schwankend den Saal.

„Ihr habt gemerkt, der Stefan ist betrunken. Er hat nun mal ein Maulwerk, so groß wie ein Busbahnhof, und redet wirres Zeug", äußerte sich Herr Hagedorn. Danach nahm er den Faden wieder auf: „Ach so, ich wollte noch einige klärende Worte zu der Friedensbewegung sagen, für die unser Mitarbeiter so plädierte! – Die Friedensbewegung ist den Kommunisten sehr willkommen. Ihre Aussichten werden größer, wenn die westliche Welt abrüstet und sie ungehindert weiterrüsten können. Wer hinter dieser Bewegung steht, ist auch an den Trägern des ‚Friedenszeichens' zu erkennen, so wie Herr Butenschön es an seine Jacke geheftet hat. Dieses Zeichen innerhalb des Kreises trifft man im altgermanischen Alphabet als Lebensrune und in der Umkehrung als Todesrune an. In den ersten fünf Jahrhunderten nannte man das ‚Friedenssymbol' das Nerokreuz, und es hing mit der Kreuzigung von Petrus zusammen, der nach dem Brauch unter Nero hingerichtet worden sein soll. Als letzten Wunsch bat Petrus, nicht wie Jesus gekreuzigt zu werden, weil er es nicht wert sei. So kreuzigte man ihn mit dem Kopf nach unten. Und, ihr Lieben, im Mittelalter und in der Neuzeit diente dieses Nerokreuz als Sinnbild der Schwarzen Magie und als Zeichen der Gotteslästerung. Heutzutage wird dieses Zeichen von kommunistischen Führern getragen, viele Studenten benützen es als Flaggen bei Demonstrationen. Leider habe ich auch schon gesehen, daß Pastoren und kirchliche Mitarbeiter es verwenden, ohne um den wirklichen Hintergrund dieses Zeichens zu wissen."

Im Saal war es mucksmäuschenstill. Prediger Hagedorns Aufklärung war höchst interessant.

„Wir können uns als Christen nicht mit einem Symbol gleichsetzen, das Jahrhunderte als Zeichen der Gotteslästerung galt und heute das Zeichen der Christenverfolger ist."

Der Freizeitleiter machte eine kurze Pause, nahm einen Schluck Tee. Dann erzählte er weiter: „Ich möchte zwar nicht politisieren, doch es muß klipp und klar gesagt werden, daß die Kommunisten ‚Frieden' rufen und in den Gefängnissen unsre Brüder und Schwestern foltern. Sie arbeiten auf den Weltumsturz hin und vernebeln die harmlosen christlichen Gemüter, deren sie sich unter dem Stichwort ‚Frieden' bedienen, um noch mehr Seelen zu fangen."

„Soll das denn etwa heißen, daß wir Christen nicht für den Frieden sind?" fragte ein Jugendlicher dazwischen.

„Berechtigte Frage, Jochen!" sagte der Prediger. „Nein, wir sind mehr für den Frieden als die Kommunisten! Christen sind Friedensstifter, dürfen aber nicht kommunistische Handlanger sein. Echter Friede kommt nur von Jesus und führt auch zu ihm hin. Er ist unser Friede. Mit dieser Gewißheit können wir getrost in die Zukunft schauen – auch ins neue Jahr."

Nach diesen Ausführungen lenkte Herr Hagedorn wieder auf das zu behandelnde Thema ein, und die fröhliche Gesellschaft setzte die Bibelbetrachtung fort.

Kurz vor Mitternacht hatten die Jugendlichen eine Gebetsgemeinschaft, und sie sangen einige Lieder zum Jahreswechsel. Als dann die Jalleruper Kirchenglocke läutete, wußten sie: Das neue Jahr hat angefangen. Die Freizeitteilnehmer gingen nach draußen in die grimmige Winterkälte und wünschten sich untereinander ein gesegnetes neues Jahr.

Vor dem Gebäude stand erheblich schwankend bereits Stefan Butenschön und brannte ungeschickt Feuerwerkskörper ab. Als Herr Birkhahn das sah, forderte er ihn auf, es zu unterlassen. Wie leicht könne ein solches Leuchtgeschoß auf das Strohdach fallen und das ganze Haus in Brand setzen! Und außerdem – was solle die Knallerei und das Geheule der Raketen? Christen sollten so was sowieso nicht mitmachen!

Nach der Aufforderung spielte Stefan den „wilden Affen"; er motzte und lästerte heftig herum. Dann torkelte er ins Haus und verschwand in seinem Zimmer, wo er in einen eigenartigen, seligen Traumzustand versank.

Die Herren Birkhahn und Hagedorn waren einer Meinung, daß Stefan für „Maranatha" nicht gerade fördernd und hier völlig fehl am Platze sei. Er sei im Wesen recht unoffen, mache freiwillig selten die Finger krumm. Die Aussage, er habe aus religiösen Gründen den Dienst mit der Waffe verweigert, sei bei ihm nur bloße Vortäuschung, obwohl es viele positive Beispiele für den Arbeitseinsatz von Zivildienstleistenden gäbe und ein Großteil sich tatsächlich wegen ihres Gewissens, auch aus religiös-christlichen Gründen, für diese Alternativtätigkeit entschieden hätte. Stefan verkörpere jedoch keineswegs ein Allgemeinbild der Wehrersatzler.

„Leider kein Einzelfall", bemerkte Prediger Hagedorn. „Von dieser Sorte wie unser Herr Butenschön gibt es mehrere, doch es steckt nichts dahinter."

Dann wurden sich die beiden einig, der Zivildienststelle mitzuteilen, daß Butenschön für diesen Heimbetrieb nicht länger tragbar sei. Zwar erledige er seine reguläre Arbeit korrekt, arbeite aber dem Auftrag dieses Hauses entgegen. Zudem sei ihm die Heimordnung egal.

Eine Woche später wurde Stefan versetzt, und es kam ein junger Praktikant, Horst, ins Freizeitheim. Horst war zwar nicht gläubig, doch er fügte sich vorbildlich in die Hausgemeinschaft ein, arbeitete tüchtig und gewissenhaft, schloß bald mit Martina Freundschaft und wurde durch sie für Gottes Botschaft aufgeschlossener. Nun war das „Maranatha-Team" wieder intakt.

Gute Nachbarschaft

Im Laufe der Zeit reagierten die Jalleruper immer positiver auf „Maranatha". Wie konnten die Dörfler auch anders, denn die Freizeitheimgäste verhielten sich diszipliniert, waren zu den Einheimischen freundlich, die Jalleruper wurden zu verschiedenen Veranstaltungen besonders eingeladen, und der örtlichen „Geschäftswelt" kam das Bestehen des Hauses auch zugute. Mit einigen Landwirten hatte man Lieferverträge abgeschlossen, auch mit Bauer Knudsen. Von ihm wurden zentnerweise Kartoffeln gekauft. Bäckermeister Struve und Schlachter Hagen steigerten auch ihre Umsätze, und sogar Gastwirt Christiansen profitierte von „Maranatha". Der Wirt hatte beobachtet, daß sich viele Freizeitheimgäste im Dorf näher umsahen, und kam auf die Idee, Ansichtskarten, die einige markante Ortsansichten zeigten, anfertigen zu lassen und zu verkaufen. So sah man auf den Karten die Abbildungen der Kirche, des Kriegerdenkmals, der neuen Siedlung und natürlich nicht zu vergessen – die Außenansicht von seinem Dorfkrug.

Pastor Jansen pflegte engen Kontakt zum Freizeitheim und verlegte nach dorthin öfters seinen Bibelgesprächskreis. Am Sonntag erschienen fast immer alle gerade zur Zeit in „Maranatha" weilenden Heimgäste zum Gottesdienst in der Jalleruper Kirche. Ja, die Zusammenarbeit war ausgezeichnet, und man ergänzte sich vorbildlich.

Auch die Dorfbewohner bekundeten ihre gute Nachbarschaft und luden unter anderem an einem Samstag Anfang Februar die Freizeitheimgäste und das Hauspersonal zu einem Vergleichswettkampf im Boßeln ein. Beinahe alle Bewohner „Maranathas" nahmen daran teil.

Boßeln ist in dieser Gegend Nationalsport. Mit einer kleinen bleigefüllten Holzkugel gilt es, so weit wie möglich zu werfen. Vornehmlich im Winterhalbjahr ziehen die Dorfbewohner, alt und jung, vor den Deich. Dann geht es Dorf gegen Dorf, Mannschaft gegen Mannschaft. Am weitesten rollt die Kugel natürlich bei hartem Frost, des Boßlers Lieblingswetter.

Daß die Freizeitheimler die Einladungen angenommen hatten, wurde von den Jallerupern hoch anerkannt. Die ‚Frommen' hatten also doch noch was für die Dorfgemeinschaft übrig und verschanzten sich nicht nur in ihrem „Gottesbauernhaus"!

Ein Freizeitheim stellt sich vor

Im Frühjahr waren die Tagesausflüge nach Jallerup besonders beliebt. Mindestens einmal wöchentlich kam eine Reisegruppe ins Freizeitheim zu Besuch. Die Fahrtenteilnehmer trafen dann meistens vor dem Mittagessen ein und fuhren am frühen Abend wieder ab.

An solchen Tagen hatte das Personal alle Hände voll zu tun, vor allen die Küchenbediensteten. Und wer denkt, daß es dann Erbsensuppe gab, der hat sich getäuscht.

Diese Tagesgäste waren eine gute zusätzliche Einnahmequelle; sie beanspruchten keine Zimmer und legten immer noch neben dem Bezahlen für das Mittagessen und Kaffeetrinken eine beachtliche Spende zusammen.

Am Nachmittag solcher Gästetage berichtete Herr Birkhahn über die Entstehung dieses Freizeitheimes und zeigte dazu die entsprechenden Lichtbilder. Er erklärte unter anderem: „Aufgenommen, soweit es uns der Platz erlaubt, werden alle Menschen, ohne daß wir Bedingungen über Herkunft, Nationalität, Religion, Kirchenzugehörigkeit oder Vermögensstand stellen. Nur der Hausfrieden darf nicht gestört werden. Für Unterbringung und Verpflegung muß natürlich bezahlt werden, aber mit unseren Hauspreisen liegen wir wirklich nicht zu hoch." Dann verteilte Herr Birkhahn die Tagespreislisten. „Meine Damen und Herren, vielleicht kommen Sie ja auch mal zu uns, nehmen an einer Bibelfreizeit oder an einem Seminar teil. Melden Sie sich nur rechtzeitig an, unsere Wochenendveranstaltungen sind stets überfüllt. Wir würden uns freuen, Sie hier wiederzusehen. – Ja, ein Großteil der Arbeit des Freizeitheimes – die Instandhaltung des Hauses, die Unterhaltung der vollzeitigen Mitarbeiter, der Darlehensabtrag – ist völlig abhängig vom Wirken Gottes. Sie wird weder durch Zuwendungen vom Staat oder einer Kirche noch durch Vereinsbeiträge, sondern lediglich durch freiwillige Spenden finanziert. – Für das innere Wohl sorgen unsere verschiedenen christlichen Veranstaltungen, aber auch für das äußere Wohl ist gesorgt: Hier erwartet Sie ein abgestimmtes Programm von

Arbeits- und Freizeitgestaltung mit gemeinsamen Mahlzeiten und Besuchen in der umliegenden Gegend. Ärztliche Betreuung ist gewährleistet. – Durch eine klare Hausordnung wird gesorgt, daß alle vom Gesetzgeber erlassenen Vorschriften, zum Beispiel Jugendgesetze, eingehalten werden. Noch wesentlicher als menschliche Richtlinien jedoch erscheint uns die Gesinnungsumwandlung eines Menschen, wie sie nach Aussage der Bibel durch Jesus Christus möglich und erfahrbar ist. – Glauben Sie mir, die Freizeitteilnehmer fühlen sich bei uns wohl!"

Der Hausvater nahm dann ein in Leder gebundenes Buch vom Bord und reichte es herum.

„Die Eintragungen in unserem Gästebuch sprechen die Sprache der Dankbarkeit. Lesen Sie, und Sie werden es bestätigt finden!" Das Gästebuch machte die Runde.

Seit dem Bestehen des Freizeitheimes hatten sich schon viele Einzelbesucher und Gruppenteilnehmer eingetragen. Da war unter anderem zu lesen:

„. . . Dank für die wunderschönen Tage, die ich in diesem Haus verbringen durfte. Hier habe ich erfahren, wie schön es ist, mit der Kraft des Herrn ein neues Leben zu beginnen. Ein Leben in Freiheit und Frieden mit Jesus."　　　　　　　(Ein Jugendlicher)

„. . . Vielen Dank für die frohe Gemeinschaft, für die Lieder und Gespräche. Dies kann ich nicht vergelten. Möge Gott es Euch lohnen!"　　　　　　　　　　　　　　　　　(Eine Seniorin)

„. . . ‚Maranatha' finde ich einfach toll! Die Bibelbetrachtungen haben mir sehr gefallen, und das Essen hat mir prima geschmeckt."
　　　　　　(Eine Teilnehmerin der Jungmädchenfreizeit)

„. . . Schon einmal war ich hier im Haus,
dann schmiß die Polizei mich 'raus,
dabei beleidigte ich die Beamten sehr
und mußte in die Kreisstadt zu Gerichte her.
Und da ich weiter von hier wohne,
hab' ich mir gedacht,
daß sich die Rückfahrt jetzt nicht lohne,
so blieb ich hier, dann über Nacht."
　　　　　　　　　　　　(Achim, der Hausbesetzer)

„Herr Birkhahn, daraus werde ich nicht schlau! Was hat das mit dem Hausbesetzer auf sich?" wurde oft gefragt, nachdem der schlecht gelungene Reim gelesen wurde.

Dann erzählte der Heimleiter die Geschichte von den Hausbesetzern und daß einer von ihnen, Achim, wegen Beamtenbeleidigung vor Gericht in die Kreisstadt geladen wurde und eine Strafe erhielt: „Achim wohnte irgendwo im Rheinland und konnte wegen schlechter Verkehrsverbindung mit der Eisenbahn nicht mehr am gleichen Tage nach Hause fahren, erinnerte sich an seine frühere ‚Wirkungsstätte' und war doch allzu neugierig, ob das Freizeitheim bereits in Betrieb sei. So ließ er sich mit einem Taxi herfahren und fand für eine Nacht Unterkunft. – Ja, das ist die Geschichte von Achim – einem speziellen ‚Hausfreund' von uns!"

Herr Birkhahn verteilte dann noch einige Prospekte über „Maranatha" und bat zu einem Rundgang durchs Gebäude.

„Sie sehen, das Haus strahlt eine gemütliche Atmosphäre aus! Dem Architekten ist es wunderbar gelungen, Bestehendes mit Neuem zu verbinden."

Solche Gäste konnte man gut zu Freizeiten und längeren Aufenthalten werben. Auf diese Weise wurde aus so manchem Tagesausflügler ein „Maranatha-Stammgast".

Ute freut sich

Pastor Jansen war in Pension gegangen und arbeitete jetzt ehrenamtlich im Freizeitheim mit. Kamen Tagesausflügler, diente er mit einem Bibelwort; er leitete Gesprächskreise und machte sich auch in Haus und Hof nützlich. Auch pflegte er mit viel Liebe die Anlagen ums Freizeitheim.

Am 1. April trat der neue Pfarrer in Jallerup seine Stelle an. Wie dankbar war Herr Jansen, zu wissen, seine Gemeinde einem gläubigen Nachfolger anvertraut zu haben.

Der neue Pastor, Herr Kilian, schaute gleich nach seinem Dienstantritt beim Freizeitheim vorbei und wünschte sich ergänzende Zusammenarbeit. Er schaltete ein etwaiges „Konkurrenzdenken" von vornherein aus.

Ute Knudsen, eines der nordfriesischen Mädchen, denen man nachsagt, sie seien herb, sportlich und verschlossen, machte vor Freude und Dankbarkeit Luftsprünge, als sie kurz vor ihrem Schulabschluß die Zusage von der Bibelschule bekam, bei der sie sich zum 1. September beworben hatte. Wie sehr betete sie doch um eine positive Nachricht!

Ihr Vater war ganz und gar nicht damit einverstanden, schließlich sollte seine Tochter was „Anständiges" lernen – und Bibelschule, nun, das sei ja wohl das „Allerletzte"! Aber die Bauerntochter fühlte sich berufen, im Reiche Gottes mitzuarbeiten.

Nach längeren Gesprächen mit Kronebergs und Pastor Jansen hatte sie sich fest dazu entschlossen, eine gründliche biblische Ausbildung zu absolvieren, denn sie beabsichtigte, den Menschen unserer Zeit das herrliche Evangelium zu bringen. Sie wollte sich zu einer Dienerin Jesu machen und zum missionarischen und kirchlichen Dienst vollberuflich zurüsten lassen.

Viel Wissenswertes nebenbei

Das Besondere an den „Maranatha-Freizeiten" ist die geistliche Er-
bauung in den Bibelgesprächskreisen. Die seelsorgerliche Betreuung
und reichliche Gelegenheit zur Gebetsgemeinschaft tragen zum
Wachstum des Glaubenslebens bei.

So mancher Besucher fand während einer Freizeit Frieden mit
Gott; Erlahmte und Müdgewordene empfingen Kraft und neue Seg-
nungen.

Die Teilnahme an den Freizeiten erschöpft sich jedoch nicht ausschließlich in der Bibelarbeit, sondern zu einem Aufenthalt in „Maranatha" gehört auch ein interessantes und ausgewogenes Rahmenprogramm, das Spielraum für mancherlei Freizeitbeschäftigung und
Aktivitäten bietet. So haben die Besucher Gelegenheit, sich beim
Minigolf zu üben. Davon machen viele Gebrauch, und es werden
sogenannte „Maranatha-Turniere" ausgetragen. Ferner bietet das
Rahmenprogramm für die Zeit vom 1. Mai bis 30. September Be-
sichtigungsfahrten ins Umland an. Zweimal in der Woche startet man
mit dem „Bananendampfer-Kleinbus" und einigen Privatwagen zu
lehrreichen Ausflügen an die Nordseeküste. Im Strandbad besteigen
die Teilnehmer dann ein Schiff und nehmen an der Halligfahrt
teil. Herr Birkhahn organisiert alles bestens und besorgt fachkun-
dige Leute, die die Führungen übernehmen.

Die Fahrten zu den kleinen Marschinseln, die bei Hochwasser
überflutet werden und deren Gehöfte auf Erdhügeln, auf Warften,
liegen, finden besonderen Anklang. Die Teilnehmer erfahren viel
Wissenswertes und sind von der Naturschönheit stark beeindruckt.

Bei der Überfahrt zu den kleinen Eilanden kann leider auch die
Beobachtung gemacht werden, wie Gottes Schöpfung durch die
Menschen nach und nach zerstört wird, denn auf dem Meer schwimmen Ölrückstände von ölheizenden Frachtern oder Tankern, die auf
See ihre Bunker reinigen. Strömungen und Winde treiben die
schmierigen, zähen und jedes Leben erstickenden Ölfelder hin und
her. Möwen, die ein trügerisches Ölfeld tauchend durchfurchen,
gehen danach bald zugrunde. Gleich einem leimigen Netz haftet das

Öl auf dem Gefieder und klebt es in Büscheln zusammen. Nässe und Kälte haben daraufhin freien Zutritt zum Körper. Die Flügel werden vom Öl durchtränkt, die Augen verklebt – die Opfer der Öl-pest treiben gegen den Strand. Dennoch haben die Möwen die Zeichen der Zeit erkannt. Sie werden fett von den Brosamen, die vom Tisch der Bäderdampferzivilisation fallen.

Die Seehunde draußen auf den Bänken zucken kaum noch, wenn Düsenjäger überm Wattenmeer Tiefflug üben. Den Tieren setzt mehr das Öl und Gift ihres Elements zu, das ihnen handteller-große Löcher ins seidige Fell frißt.

Ein weiterer interessanter Rahmenprogrammpunkt, der den Frei-zeitgästen während der warmen Jahreszeit geboten wird, ist die Fahrt in ein kleines Fischerdorf, knapp zehn Kilometer von Jallerup entfernt. Früher war es einmal ein blühender Ort. Heute haben die Bewohner hier Sorgen. Dort kann man von den Problemen an-gestammter Erwerbszweige einiges erfahren, wenn man sich im Ha-fen etwas umhört. Fischfang und -verarbeitung befinden sich in einer wirtschaftlichen Krise. Die Fangtechniken werden rationalisiert, die internationale Konkurrenz wächst, die Fischbestände sinken. Ar-beitsplätze gehen verloren. Allein die Krabbenfischerei scheint ih-ren Mann einigermaßen zu ernähren. Immerhin, eines ist hier bis heute nicht verlorengegangen: die idyllische Hafenatmosphäre, das Durcheinander der Kinder, Ehefrauen und Helfer, wenn die Fischer vom Fang heimkehren. Dann herrscht geschäftiges Treiben, es wird gerufen und geredet, gewunken und genickt, die Ausbeute begut-achtet. Am Ende legt sich abendliche Stille über die Szene, es kommt die Stunde der alten Fischer und Seebären, sie hocken immer in der Nähe der Schiffe auf immer denselben Bänken, ihre undefinier-baren Gespräche mischen sich in das Geschrei der Möwen, in den abnehmenden Wind.

Ist der Tag besonders warm, bittet Herr Birkhahn zu einer Watt- und Strandwanderung. Auch hierbei gibt es viel zu entdecken, und die Teilnehmer sind immer wieder neu von Gottes unbeschreib-lich schöner Schöpferkraft hingerissen.

Wohl am zahlreichsten begegnet man am Strand den weißen angeschwemmten Schalen der Klaffmuscheln. Sie sind ein beliebtes Sammlergut und werden auch beim Saubermachen der Freizeitheimräume oft vom Reinigungspersonal in allen möglichen Ecken gefunden, weil die Gäste sie überall liegenlassen.

Zum schönsten Schmuck des Meeresbodens zählen die vielgestaltigen Arten der stachelhäutigen Seesterne, von denen der Sonnenstern mit seinen rot und gelb gebänderten Armen und der eßbare Seeigel Erwähnung verdienen. Die Seesterne mit ihren fünf Armen und den Hunderten von Füßchen auf ihrer Unterseite sind merkwürdige Tiere. Sie haben keinen Kopf, keine Augen und sind doch gefräßige Räuber. Geht ihnen ein Arm verloren, so wächst dieser bald wieder nach, bis es wieder fünf sind.

Zu den originellsten Meerestieren gehört der Einsiedlerkrebs, der seinen weichhäutigen ungepanzerten Hinterleib zum Schutz gegen räuberische Angriffe in ein leeres Schneckenhaus steckt, das er nur verläßt, wenn es ihm zu klein geworden ist.

An den Steinen der Uferbefestigungen sitzen festgewachsen die weißen, kegelförmigen Seepocken, eine niedere Krebsart, die zeit ihres Lebens an die einmal eingenommene Stelle gebunden sind, ferner Tausende von Strandschnecken und die meist in Klumpen vereinten Miesmuscheln.

„Wir sollten auch wie Seepocken sein und so, wie sie irgendwo haften, bei Jesus bleiben – für immer!" sagt Herr Birkhahn jedesmal beim Betrachten dieser Tierchen zu den Freizeitteilnehmern.

Schön anzuschauen sind auch die oft in prächtigen Farben schillernden Quallen, die sich wie elastische Glocken im Wasser fortbewegen und bisweilen einen Umfang bis zu einem halben Meter erreichen. Sie kommen in großer Mannigfaltigkeit vor, und die Nesselqualle sondert zu ihrer Verteidigung eine wie Brennesseln ätzende Säure ab, die auch einige Freizeitteilnehmer schon zu spüren bekommen haben. Dann hat Frau Birkhahn daheim in „Maranatha" damit zu tun, an den Leidenden die unangenehm brennenden roten Hautflecken mit einer Salbe zu behandeln.

Ein Jahr „Maranatha"

Zum ersten Jahrestag „Maranathas" versammelten sich viele, um dem Festgottesdienst im kleinen Saal des Freizeitheimes beizuwohnen.

Ein Jahr „Maranatha", gewißlich keine lange Zeit – Freizeitheimgeburtstag –, das war ein Grund zur Freude, aber auch zu neuer Besinnung auf Weg und Ziel.

Prediger Hagedorn ermutigte die Gemeinde und damit jeden einzelnen, weiterhin nach dem Wort Jesu die Gemeinde zu bauen: „Er muß wachsen, ich aber muß abnehmen" (Joh. 3,30).

Er wünschte, daß die kommenden Jahre noch herrlicher werden möchten, als das vergangene Jahr war. Allen Geschwistern und Freunden, die durch ihre Anwesenheit und in der Hilfe und Fürbitte die Verbundenheit mit „Maranatha" zum Ausdruck brachten, sagte er ein herzliches „Dankeschön!".

Im „Maranatha-Rundbrief" zum einjährigen Bestehen konnte man auf der ersten Seite lesen:

„Liebe Geschwister und Freunde,

dankbaren Herzens schaue ich auf das erste Jahr zurück. Sind doch die Bibelfreizeiten besondere Segenstage für die Teilnehmer gewesen!

Für viele Kinder und Jugendliche waren die Freizeiten ebenfalls Höhepunkte in ihrer geistlichen Erfahrung. Diesem Zweck sollen auch die für das nächste Wirkungsjahr geplanten Bibelgesprächskreise und Freizeiten dienen.

Ich wünsche, daß doch recht viele, ob jung oder alt, diese Möglichkeiten zu ihrem eigenen geistlichen Wachstum nutzen möchten."

Ihr Prediger Hagedorn

Ferner stand unter der Rubrik „Freizeitheim-Splitter": . . . „Die Gemeindevertretung Jallerup hat beschlossen, für das Bereitstellen und Leeren des Müllcontainers keine Gebühren zu erheben.

. . . Der Freizeitheim-Kleinbus macht es nicht mehr lange! Er wird täglich hart strapaziert und ist daher sehr reparaturbedürftig geworden. Wir bitten um Spenden zum Ankauf eines gebrauchten oder neuen Fahrzeugs!

... Unbekannte haben nachts unseren vor dem Freizeitheim parkenden Kleinbus beschmiert. Die Parolen lauteten: ‚Im Auftrag des Teufels: Wir befördern jeden' und ‚Der Jalleruper Seelenschlitten kommt!' Die zu verabscheuenden Schmierereien wurden inzwischen entfernt. – Auch in der dörflichen Abgeschiedenheit läßt uns der Teufel keine Ruhe!

... In Jallerups Ortsmitte und an der Dorfeinfahrt von der Bundesstraße hat der kommunale Gemeindearbeiter je ein Hinweisschild mit der Aufschrift: Christliches Freizeitheim ‚Maranatha' aufgestellt. Nun sind wir leichter zu finden!

... Unsere Küchenhilfe, Fräulein Martina Lund, hat sich mit dem Praktikanten Horst Enzensberger verlobt. Es handelt sich hier um das erste ‚Maranatha-Brautpaar'. Wir gratulieren und wünschen Gottes Segen für die Gemeinsamkeit!"

Unter „Maranatha-Kinder- und Jugendecke" las man neben vielem anderen:

„... Beim Luftballon-Wettbewerb anläßlich der Einweihungsfeier im letzten Oktober konnte der neunjährige Heiner Christophersen aus Jallerup den ersten Preis gewinnen. Sein Ballon wurde in Skodborg gefunden. Von dort bekam er Nachricht. Skodborg liegt in Südjütland – Dänemark!"

Christliches Freizeitheim „Maranatha" in Jallerup – das Werk ist in Bewegung, und der Herr wird weiterhelfen!

Ein weiteres Buch vom gleichen Autor:

Liegt Jallerup in Afrika?
EDITION C Nr. K 11, 128 Seiten
Familie Kroneberg — Eltern und zwei halbwüchsige Kinder — gehen in Urlaub. Aber in einen besonderen nach dem Motto: Ein Christ ist immer im Dienst. So erleben sie neben Ausruhen, Schwimmen, Strandleben etliches in ihrem Quartier mit Dorfbewohnern — u.a. bei einem kurzfristig organisierten Gemeindeabend. Und auch der Ort Jallerup stößt auf einige Überraschungen.

Weitere Bücher aus unserem Verlag (Auswahl):

Gladys M. Cook
Sie kam aus den Slums von Kalkutta
EDITION C Nr. K 10, 192 Seiten
Vashti, ein Teenager, hat die Chance, in eine christliche Internatsschule aufgenommen zu werden. Sie stammt aus einer hinduistischen Kleinbauernfamilie, die durch Mißernten in die Slums von Kalkutta getrieben wurde. Das Mädchen darf weiterhin im Hindutempel beten; jedoch gerät sie zunehmend unter den Einfluß des Christentums, das ihr in vorbildhaften Vertretern begegnet. Schließlich muß sie sich eingestehen, daß sie an Jesus glaubt. Die Taufe trennt sie von ihrer Familie; doch findet sie in der Gemeinschaft der Christen »eine neue Familie«.

Stefan Ark Nitsche
Absturz in der Wüste
Ein Abenteuer in Arabien
TELOS-Jugendbuch Nr. 3610, 168 Seiten
Spannend und mit verblüffenden Kenntnissen über die arabische Welt erzählt Stefan Ark Nitsche die packende Geschichte des deutschen Jungen Stefan (genannt Steffi), der mit seinem Vater und einem arabischen Begleiter über der Wüste des Oman abstürzt. Kurz vor dem Verdursten werden sie von einem Beduinenjungen, Harun, entdeckt und von dessen Stamm als Gefangene aufgenommen. Obwohl die Beduinen die Verunglückten als Spione betrachten, kommen sich Steffi und der gleichaltrige Harun bald näher. Trotz oder gerade wegen ihrer unterschiedlichen religiösen Prägung spielt auch die Gottesfrage in ihrer Beziehung eine wesentliche Rolle.